Regionales Übergangsmanagement Schule – Berufsausbildung: Handlungsfelder und Erfolgsfaktoren

Frank Braun / Birgit Reißig (Hrsg.)

Vorwort des Bundesministeriums für Bildung und Forschung (BMBF) zur Broschürenreihe „Regionales Übergangsmanagement"

Nicht nur für das Leben jedes einzelnen jungen Menschen sind eine gute berufliche Ausbildung und ein erfolgreicher Berufsabschluss von entscheidender Bedeutung. Vielmehr ist eine solide ausgebildete nachwachsende Generation eine wichtige Basis für die gesamtgesellschaftliche Entwicklung, insbesondere im Hinblick auf die in Wirtschaft und Verwaltung dringend benötigten und rarer werdenden Fachkräfte. Am Erreichen des Ziels „Ausbildung für alle" müssen wir deswegen konsequent weiter arbeiten.

Im Jahr 2006 appellierte die *Arbeitsgruppe Regionales Übergangsmanagement* des vom BMBF eingerichteten *Innovationskreises berufliche Bildung* an die bildungs- und arbeitsmarktpolitischen Akteure auf lokaler und regionaler Ebene, durch eine verbesserte Abstimmung von Angeboten und politischen Maßnahmen Jugendlichen den Übergang von der Schule in Ausbildung und Erwerbsarbeit zu erleichtern (BMBF 2007: 14–15). In Umsetzung dieser Empfehlungen startete das BMBF im Jahr 2008 im Rahmen der *Nationalen Qualifizierungsinitiative* das Programm *Perspektive Berufsabschluss* mit den Förderinitiativen *Regionales Übergangsmanagement* und *Abschlussorientierte modulare Nachqualifizierung*.

Durch die wissenschaftliche Begleitung dieser beiden Förderinitiativen werden die beteiligten Akteure – das BMBF, der Projektträger im Deutschen Zentrum für Luft und Raumfahrt (DLR) sowie die Initiativen selbst – unterstützt und beraten. Bereits während der laufenden Umsetzung können so „reife Problemlösungen" identifiziert und der Fachöffentlichkeit zugänglich gemacht werden. Zu diesem Zweck wurde – ergänzend zu den Newslettern des Programms und Veröffentlichungen in Fachzeitschriften – eine Broschürenreihe konzipiert, in der auch die vorliegende Publikation erscheint. Ich wünsche mir, dass sie dazu beiträgt, den Zugang bildungsbenachteiligter Jugendlicher und junger Erwachsener zur Berufsausbildung weiter zu verbessern.

Peter Munk
Referat „Jugendliche mit schlechteren Startchancen; Innovationen in der beruflichen Weiterbildung; Arbeitsmarkt"

Handlungsfelder und Erfolgsfaktoren: Die wichtigsten Ergebnisse im Überblick

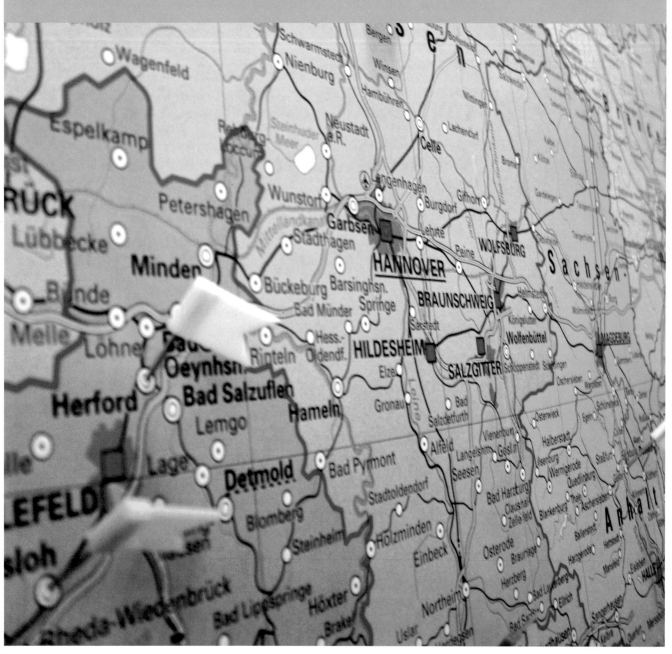

AUSGANGSLAGE DER FÖRDERINITIATIVE REGIONALES ÜBERGANGSMAEMENAGNT UND EMPIRISCHE BASIS DIESES BERICHTS

2006 hatte die *Arbeitsgruppe Regionales Übergangsmanagement* des vom *BMBF* initiierten *Innovationskreises berufliche Bildung* empfohlen, durch eine bessere Abstimmung von Angeboten und Politiken und eine engere Kooperation von bildungs- und arbeitsmarktpolitischen Akteuren auf lokaler und regionaler Ebene den Übergang Jugendlicher von der Schule in Ausbildung zu verbessern.

Zur Umsetzung dieser Empfehlungen wurde im Jahr 2008 vom *BMBF* das Programm *Perspektive Berufsabschluss* mit den Förderinitiativen *Regionales Übergangsmanagement* und *Abschlussorientierte modulare Nachqualifizierung* gestartet. Mit der thematischen Fokussierung der beiden Förderinitiativen sollten sowohl präventive, auf das Gelingen der Übergänge in Ausbildung gerichtete Aktivitäten, als auch eine auf Reintegration gerichtete Komponente – im Sinne einer zweiten Chance zum Nachholen von Ausbildungsabschlüssen – implementiert werden.

Die *Förderinitiative Regionales Übergangsmanagement* umfasste im ersten Quartal 2010 insgesamt 27 Standorte, die alle im zweiten Halbjahr 2008 ihre Arbeit zum Aufbau bzw. zur Fortentwicklung ihres regionalen Übergangsmanagements aufgenommen hatten. Vertreten in der *Förderinitiative* sind Standorte mit sehr unterschiedlichen Strukturmerkmalen: zwei Stadtstaaten, prosperierende Großstädte aber auch Großstädte mit schwieriger Wirtschaftsentwicklung, wirtschaftlich starke aber auch wirtschaftlich eher schwache Landkreise, kreisabhängige Städte in West- und in Ostdeutschland.

Zwischen den Vorhaben der *Förderinitiative* gab es bei deren Start deutliche Unterschiede in den Vorerfahrungen und Vorarbeiten für den Aufbau eines regionalen Übergangsmanagements. Einzelne Standorte hatten im Rahmen von Landesprogrammen oder in der von der *Freudenberg Stiftung* angestoßenen *Weinheimer Initiative* bereits mehrere Jahre am Aufbau ihres regionalen Übergangsmanagements arbeiten können. An anderen Standorten gab es auf ausschließlich kommunaler Initiative beruhende, systematisch und langfristig angelegte Entwicklungsprozesse. Zum Teil waren aber auch nur erste Schritte eingeleitet worden.

Anknüpfend an ihre Vorarbeiten und ausgehend von unterschiedlichen Ausgangssituationen setzten sich die 27 Standorte in der *Förderinitiative Regionales Übergangsmanagement* schwerpunktmäßig mit den folgenden Anforderungen auseinander:

- Sie entwickelten Strukturen und Prozesse einer akteursübergreifenden Koordination und Kooperation.
- Sie klärten, welcher Handlungsbedarf in der Region

Regionales Übergangsmanagement will durch eine bessere Koordination und Kooperation zwischen den für die Ausgestaltung des Übergangssystems Verantwortlichen dieses System so verbessern, dass Übergänge gelingen und Ausbildungslosigkeit vermieden wird.

sich aus den Übergangsverläufen Jugendlicher zwischen Schule und Ausbildung ergibt, und entwickelten Verfahren, Übergangsmanagement systematisch durch Daten über Übergangsverläufe zu unterfüttern.
- Sie schafften Transparenz über lokale Angebotsstrukturen.
- Sie starteten Interventionen zur Verbesserung der Angebotsstruktur des Übergangssystems.

Regionales Übergangsmanagement will durch eine bessere Koordination und Kooperation zwischen den für die Ausgestaltung des Übergangssystems Verantwortlichen dieses System so verbessern, dass Übergänge gelingen und Ausbildungslosigkeit vermieden wird. Als Übergangssystem wird hier die Gesamtheit von Strukturen, Programmen, Projekten und Angeboten bezeichnet, durch die der Übergang von der Schule in Ausbildung gestaltet – befördert, aber möglicherweise auch behindert – wird.

Die empirische Basis für diesen Bericht bilden die jährlich für alle Standorte der *Förderinitiative Regionales Übergangsmanagement* erstellten *Analytischen Berichte* der wissenschaftlichen Begleitung. Diese Berichte basieren auf Interviews, die mit den Leiterinnen und Leitern der Vorhaben und anderen Akteuren im Übergangssystem der Standorte (Jugendämter, Kammern, Arbeitsagentur, Träger der Grundsicherung, Schulaufsicht, Integrationsbeauftragte usw.) geführt wurden. Themen der *Analytischen Berichte* sind die Ziele und Arbeitspläne der Vorhaben, die für das Übergangsmanagement geschaffenen Strukturen, die beim Aufbau des Übergangsmanagements ablaufenden Prozesse, Aktivitäten zur Herstellung von Transparenz zum Übergangsgeschehen und im Übergangssystem und die Interventionen zur Verbesserung der Angebotsstruktur des Übergangssystems. Darüber hinaus richten die *Analytischen Berichte* einen umfassenden Blick auf das regionale Geschehen und erfassen auch Entwicklungen, die außerhalb des regionalen Übergangsmanagements ablaufen, dieses befördern aber gegebenenfalls auch behindern.

5

ENTWICKLUNG VON STRUKTUREN UND PROZESSEN DES REGIONALEN ÜBERGANGS-MANAGEMENTS

18 Standorte der *Förderinitiative Regionales Übergangs-management* sind kreisfreie Städte oder Landkreise. Bei diesem räumlichen Zuschnitt bot das Vorhandensein von Verwaltungs- (kommunale Dezernate und Ämter) und politischen Strukturen (Gemeinderäte, Kreistage) eine gute Grundlagen für die Koordination und Kooperation zwischen den für das Übergangssystem verantwortlichen Akteuren.

Angesichts der Vielfalt von Akteuren, die an der Ausgestaltung des Übergangssystems beteiligt sind, brauchte regionales Übergangsmanagement einen Ort, an dem sich diese Akteure austauschen und abstimmen.

Vier Standorte sind kreisabhängige Städte. In zwei dieser vier Städte gab es bereits ein langjähriges kommunales Engagement für das Übergangsmanagement und damit überdurchschnittlich gute Ausgangslagen für die Fortentwicklung von Strukturen und Prozessen. Diese Standorte haben im Rahmen der *Förderinitiative* insbesondere auch die Kooperation mit ihren Landkreisen verbessert.

Die zwei in der *Förderinitiative* vertreten Stadtstaaten standen vor der Anforderung, das Übergangsmanagement auf der Landesebene und auf der „regionalen Ebene" (Bezirke, Stadtteile) zu verbinden. Kennzeichnend für die beiden Standorte sind eine große Vielfalt von Akteuren und ein außerordentlich hohes Maß an Komplexität der Strukturen des Übergangssystems.

Drei Standorte der *Förderinitiative* umfassten in ihrem räumlichen Zuschnitt mehr als eine Kommune: ein „Regionalverband" und zwei Verbindungen von kreisfreier Stadt und umgebendem Landkreis. Dieser räumliche Zuschnitt bot einerseits einen guten Rahmen, die Kreis- und Gemeindegrenzen überschreitenden Koordinations- und Kooperationsaufgaben zu bearbeiten. Andererseits erwies sich das Fehlen von die Gesamtregion umfassenden politischen und/oder Verwaltungsstrukturen als Hindernis. Hier gab die *Förderinitiative* den Anstoß zum Aufbau regionaler Koordinations- und Kooperationsstrukturen (Abb. 1).

Abb. 1:
Standortverteilung der *Förderinitiative Regionales Übergangsmanagement* auf Gebietskörperschaften

Landkreise	Kreisfreie Städte	Kreisabhängige Städte (ohne den Landkreis)	Regionen oder Regionalverbünde	Stadtstaaten
Gütersloh	Dortmund	Göttingen	Marburg-Biedenkopf	Berlin
Herford	Leipzig	Fürstenwalde	Saarbrücken	Hamburg
Hohenlohekreis	Kiel	Hoyerswerda	Wilhelmshaven Friesland	
Parchim	Mainz	Weinheim		
Rheingau-Taunus	Mühlheim an der Ruhr			
Saalfeld-Rudolfstadt	Nürnberg			
Sächsische Schweiz-Osterzgebirge	Oberhausen			
Salzlandkreis	Offenbach			
Soltau-Fallingbostel	Stuttgart			

Umgesetzt wird das regionale Übergangsmanagement durch Arbeitsstäbe von sehr unterschiedlicher Größe (eine bis maximal vier Vollzeitstellen). In der Regel wurde für die Arbeitsstäbe eine Kombination von politischen, sozialwissenschaftlichen und Verwaltungsqualifikationen bzw. -erfahrungen angestrebt. Den Kombinationsmöglichkeiten waren durch die (eher geringe) Größe der Teams Grenzen gesetzt. Die vor dem Hintergrund der befristeten Finanzierung der Vorhaben in der Regel vorgenommenen Befristungen der Arbeitsverträge der Mitarbeiter/innen der Arbeitsstäbe erschwerte es, Personen mit den gewünschten langjährigen Erfahrungen zu rekrutieren.

An ca. einem Viertel der Standorte unterstützen die Kommunen die Arbeit der Arbeitsstäbe mit eigenen Ressourcen. Wenn die Kommunen dafür eigenes Personal einsetzten, haben sie den betreffenden Personen in der Regel auch die Leitung des Arbeitsstabes übertragen.

Die Arbeitsstäbe sind entweder der Leitung der kommunalen Verwaltung oder als Stabsstellen oder Arbeitsgruppen der Leitung von Dezernaten oder Ämtern zugeordnet. Die Anbindung an der Spitze der Verwaltung (Oberbürgermeister/in, Landrat/Landrätin) signalisierte, dass dem

Thema Übergangsmanagement eine hohe kommunalpolitische Bedeutung zugewiesen wird („Übergangsmanagement als Chefsache"). Die Anbindung an der Verwaltungsspitze wurde auch genutzt, um bei diesem Thema bestehende Konkurrenzen zwischen kommunalen Dezernaten oder Ämtern zu überwinden.

Für eine Anbindung an Dezernate oder Ämter wurden unterschiedliche Ressorts gewählt: Sozialdezernate bzw. Dezernate für Schule, Kinder und Jugendliche, Ämter für Arbeits-, Beschäftigungs- und Wirtschaftsförderung, Jugendämter oder Bildungsbüros. Mit dem Ort der Anbindung gingen auch Schwerpunktsetzungen einher: zum Beispiel bei Jugendämtern mit einer Konzentration auf die Zielgruppe sozial benachteiligter Jugendlicher, bei der Wirtschaftsförderung mit dem Fokus auf die Versorgung der Betriebe mit Fachkräftenachwuchs, bei Bildungsbüros auf die Verbesserung der Leistungsfähigkeit der allgemein- und berufsbildenden Schulen.

Eine weitere in der *Förderinitiative* praktizierte Variante stellte die Ansiedlung des Arbeitsstabes bei einem kommunalen oder „beliehenen" Träger dar. Diese Träger verfügten in der Regel über gut qualifizierte Fachkräfte, vielfältige Kontakte und Koope-

rationsbeziehungen und gute Arbeitsstrukturen für die Aufgaben des Übergangsmanagements. Soweit diese Einrichtungen oder Träger selbst auch Anbieter von bildungs- und arbeitsmarktpolitischen Dienstleistungen waren, gab es bei anderen Akteuren Zweifel an der für die Wahrnehmung von Koordinationsfunktionen erforderlichen Neutralität.

Angesichts der Vielfalt von Akteuren, die an der Ausgestaltung des Übergangssystems beteiligt sind, brauchte regionales Übergangsmanagement einen Ort, an dem sich diese Akteure austauschen und abstimmen konnten. Dafür wurden Koordinationsgremien eingerichtet, in denen als zentrale Akteure des Übergangssystems in der Regel vertreten waren: Schulaufsicht und/oder kommunales Schulreferat, Jugendamt, Arbeitsagentur, Träger der Grundsicherung, Kammern, Integrationsbeauftragte. Die tatsächliche Zusammensetzung der Gremien war abhängig von den Handlungsfeldern, in denen schwerpunktmäßig Koordination und Kooperation verbessert werden sollten. Ein durchgängiges Prinzip für die Besetzung der Koordinationsgremien war, dass die Akteure des Übergangssystems durch Personen mit Leitungsverantwortung vertreten sein sollten.

Eine zweite Gremienvariante waren Beiräte, die die Arbeit der Arbeitsstäbe beratend unterstützten. In diesen Beiräten war eher die Fachebene der Akteure des Übergangssystems vertreten. Ihre Aufgabe war es, die fachliche Qualität der Arbeit der Arbeitsstäbe zu sichern.

Die Bildung von Koordinationsgremien und Beiräten für das regionale Übergangsmanagement war mit einer Reihe von Schwierigkeiten konfrontiert:

- An allen Standorten gab es bereits Gremien, die Koordinations- und Kooperationsaufgaben im Übergangssystem erfüllten (kommunale Gremien, Programmbeiräte, Arbeitsgemeinschaften usw.). Hier musste entschieden werden, ob vorhandene Gremien genutzt werden konnten oder neue gegründet werden sollten.
- Personen mit Leitungsverantwortung arbeiteten bereits in vielen Gremien. Sie mussten von der Bedeutung ihrer Mitarbeit gerade in diesem Koordinationsgremium des regionalen Übergangsmanagements überzeugt werden. Ein wichtiges Argument war, dass durch das Koordinationsgremium des regionalen Übergangsmanagements die Gremienarbeit insgesamt effektiver würde und sich der Aufwand für Gremienarbeit verringern würde.
- Relevante Akteure standen einer Mitarbeit in Koordinationsgremien z.T. deswegen ablehnend gegenüber, weil sie Koordination als ihre eigene, originäre Aufgabe ansahen (so z.B. die Kammern und die Arbeitsagenturen). Sie mussten von dem zu erzielenden Mehrwert durch die Zusammenarbeit eines breiteren Spektrums von Akteuren überzeugt werden.

Nach zwei Jahren haben – von wenigen Ausnahmen abgesehen – die etablierten Koordinationsgremien und Beiräte des regionalen Übergangsmanagement die angestrebten Zusammensetzungen erreicht und arbeiten stabil. Für die Arbeitsfähigkeit der Gremien und die Motivation ihrer Mitglieder war eine effektive Zuarbeit durch die Arbeitsstäbe ein entscheidender Faktor. Ein zweiter Faktor war der Ort der Anbindung der Gremien. Nur durch die Anbindung bei einer Stelle mit administrativ/politischem Gewicht hatten Absprachen des Gremiums auch Konsequenzen und schufen damit Grundlagen für seine weitere Arbeit. Ein dritter Faktor waren durch das regionale Übergangsmanagement erzielte Fortschritte. Nur durch Ergebnisse konnte die erforderliche hohe Motivation der Akteure aufrechterhalten werden.

Eine enge Anbindung der Arbeitsstäbe an die Koordinationsgremien bedeutete, dass die Arbeitspläne der Arbeitsstäbe z.T. aufwändige Abstimmungsverfahren durchliefen. Gleichzeitig waren diese Abstimmungsverfahren aber auch ein Realitätstest für die Arbeitspläne.

An ca. einem Viertel der Standorte der *Förderinitiative* wurden aus unterschiedlichen Gründen bisher keine Koordinationsgremien oder Beiräte eingerichtet. Ein Teil dieser Standorte hat mit dem Aufbau entsprechender Gremien begonnen. Bei den Standorten, an denen die Einrichtung von Gremien nicht geplant ist, fungieren die Arbeitsstäbe als Zuarbeiter für Ämter oder Dezernate, in denen (Teil-)Aufgaben des regionalen Übergangsmanagements angesiedelt sind.

Bei ihren Aktivitäten zur Verbesserung der Struktur des Übergangssystems haben die Standorte der *Förderinitiative* schwerpunktmäßig bei Schulen der Sekundarstufe I oder bei den beruflichen Schulen angesetzt. Dies erforderte eine enge Kooperation mit der Landesebene. Auf der Landesebene nehmen unterschiedliche Ressorts auf die Gestaltung des Übergangssystems Einfluss. Die Kooperation zwischen der Landesebene und dem regionalen Übergangsmanagement wurde dann verbessert, wenn sich auf der Landesebene die verschiedenen Ressorts (und die *Regionaldirektion* der *Bundesagentur für Arbeit*) über Programme, Projekte und Standards abstimmten.

Die Rahmenbedingungen für eine bessere Kooperation zwischen dem regionalen Übergangsmanagement und der Landesebene haben sich seit 2008 für die Standorte in einer wachsenden Zahl von Bundesländern verbessert (z.B. Baden-Württemberg, Berlin, Hamburg, Hessen, Nordrhein-Westfalen, Sachsen, Schleswig-Holstein), in denen regionale Koordination als wichtiger Baustein einer auf eine Verbesserung des Übergangssystems gerichteten Landespolitik gesehen wird. Die Standorte der *Förderinitiative* haben diese Entwicklung in der Landespolitik aktiv und kooperativ genutzt. Als mögliches Hindernis für eine Kooperation zwischen regionalem Übergangsmanagement und Landesebene zeichnet sich ab, dass die Kommunen der Übernahme neuer Aufgaben dann skeptisch gegenüberstehen, wenn diese nicht mit einer Übertragung der für die Erfüllung der Aufgaben notwendigen Ressourcen verbunden ist.

Regionales Übergangsmanagement ist ein komplexer sozialer und politischer Prozess, der auf politische Unterstützung angewiesen ist. Die Diskussion, ob regionales Übergangsmanagement überhaupt eine kommunale (Pflicht-)Aufgabe ist, wird an vielen Standorten geführt. Vor dem Hintergrund der schwierigen Finanzlage von Städten und Landkreisen steht ein Engagement der Kommunen für Übergangsmanagement an vielen Standorten auf dem Prüfstand. Einen parteiübergreifenden Konsens für regionales Übergangsmanagement herzustellen und die Parlamente für dieses Thema zu gewinnen, war und bleibt eine Daueraufgabe der Vorhaben.

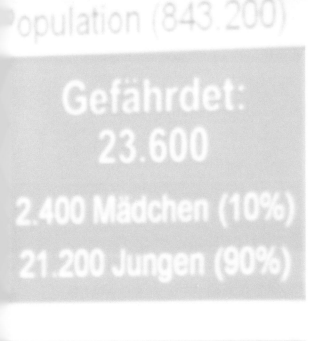

opulation (843.200)

Gefährdet:
23.600

2.400 Mädchen (10%)

21.200 Jungen (90%)

Abhängig:
14.300

- Bei der Durchführung von Schülerbefragungen wurde auf erprobte Verfahren und Instrumente zurückgegriffen. Dies hat eine schnelle Durchführung und die Erhebung belastbarer Daten ermöglicht.
- Die Durchführung von Schülerbefragungen erforderte sozialwissenschaftliche und methodische Expertise. Darum haben fast alle Standorte, die eigene Erhebungen durchgeführt haben, dafür Kooperationen mit Wissenschaftseinrichtungen ihrer Region begonnen.
- Insbesondere wenn durch Schülerbefragungen Verlaufsdaten zu Übergängen gewonnen werden sollten, waren diese Erhebungen methodisch sehr aufwändig. An einem Standort wurde darum mit der Entwicklung von Online-Instrumenten begonnen, die mit geringerem Aufwand eingesetzt werden können.
- Für die Entwicklung von IT-gestützten Anmeldesystemen stand das in Ostwestfalen-Lippe entwickelte System *SchülerOnline* Pate. Für dessen Einsatz ist eine gute IT-Infrastruktur und eine hohe Kooperationsbereitschaft der Schulen Voraussetzung.
- Für die Dokumentation von Übergängen, die durch Lotsen begleitet werden, wurde insbesondere auf eine für das *Hamburger Hauptschulmodell* entwickelte Software zurückgegriffen. Mit Übertragung des Hamburger Ansatzes auf weitere Standorte der *Förderinitiative* ging ein breiterer Einsatz dieses Dokumentationsverfahrens einher.

SCHAFFUNG VON DATENGRUNDLAGEN ZU DEN ÜBERGANGSWEGEN VON JUGENDLICHEN

Schon vor Beginn der *Förderinitiative* gab es an allen Standorten ein ausgeprägtes Problembewusstsein dafür, dass die Übergänge von Jugendlichen von der Schule in Ausbildung – insbesondere für bildungsbenachteiligte Jugendliche – schwierig verlaufen. Jedoch wurden strukturelle Interventionen zur Verbesserung der Übergänge auf regionaler Ebene durch das Fehlen präziser regionaler Diagnosen behindert, die erfolgreiche Wege aber auch Umwege und Sackgassen sichtbar machen.

Mehrere Standorte der *Förderinitiative* hatten bereits in deren Vorfeld begonnen, Untersuchungen durchzuführen, um dieses Defizit zu beseitigen. Die an allen Standorten gestarteten Initiativen zur Verbesserung der Datengrundlagen zum Übergangsgeschehen wurden dort, wo bereits Vorarbeiten vorlagen, unter Nutzung von Ressourcen aus der *Förderinitiative* verstärkt. Durch den sich schnell entwickelnden intensiven Austausch zwischen den Standorten der *Förderinitiative* wurde der Transfer von Know How und Erfahrung stark befördert.

Als Verfahren zur Schaffung von Datengrundlagen zum Übergangsgeschehen wurden in der *Förderinitiative* einerseits Schülerbefragungen durchgeführt, andererseits prozessgenerierte Daten (aus Anmelde- und Dokumentationssystemen) genutzt. Zentrale Entwicklungen in der *Förderinitiative* waren dabei:

Eine wichtige Entwicklung an den Standorten der *Förderinitiative* ist die Nutzung von prozessgenerierten Daten (aus Anmelde- oder Dokumentationssystemen) für Analysen zum Übergangsgeschehen. Klärungs- und Entwicklungsbedarf wurde dabei an den beiden folgenden Punkten identifiziert:

- Die Zusammenführung von Daten aus unterschiedlichen Institutionen des Übergangssystems wirft datenschutzrechtliche Fragen auf, die eine enge Kooperation mit den für den Datenschutz Verantwortlichen erfordern.
- Ein Problem der Nutzung von Dokumentationssystemen, die für unterschiedliche Programme vorgegeben sind, ist die fehlende Kompatibilität zwischen den eingesetzten Systemen. Hier wünschen sich die regionalen Akteure eine bessere Abstimmung auf den Programmebenen.

Bei allen Schwierigkeiten im Detail sind die Aktivitäten der Vorhaben zur Schaffung von Datengrundlagen zum Übergangsgeschehen zu einem starken Motor für das Übergangsmanagement geworden. Die Erhebung und Bereitstellung von Informationen hat sich zu einer Antriebskraft für ein evidenzbasiertes regionales Übergangsmanagement entwickelt.

Die Vorhaben haben den Fokus auf die Schulen gerichtet, weil diese eine dauerhafte Verantwortung für das Gelingen von Abschlüssen und Anschlüssen tragen und weil Schulen über die für die Erfüllung dieser Aufgabe notwendige institutionelle Stabilität verfügen.

HERSTELLUNG VON TRANSPARENZ ZU DEN MASSNAHMEN, ANGEBOTEN UND INSTITUTIONEN IM ÜBERGANGSSYSTEM

Nach den Diagnosen der Arbeitsstäbe herrschte an den meisten Standorten der *Förderinitiative* kein Mangel an Angeboten und Maßnahmen. Was fehlte war Transparenz über die Art, Funktion und Qualität von Angeboten und die Abstimmung zwischen den Angeboten. Mit der Erstellung von Bestandsaufnahmen über Akteure, Institutionen, Angebote und Maßnahmen im Übergangssystem haben sich die Vorhaben einer längst überfälligen Aufgabe zugewandt. An ca. einem Drittel der Standorte konnten sie sich auf Vorarbeiten stützen.

Das Engagement der Arbeitsstäbe bei der Erstellung der Bestandsaufnahmen wurde von den Akteuren vor Ort überall positiv aufgenommen und mit Zuarbeiten sowie kooperativem Verhalten unterstützt. Durch die Bestandsaufnahmen wurde einerseits ein Überblick über das lokale Spektrum von Akteuren, Institutionen, Angeboten und Maßnahmen gewonnen, andererseits wurde eine Initiierung oder Intensivierung von Kooperationsbezügen erreicht. Dies war wichtig, weil die Bestandsaufnahmen, über die Bereitstellung von Überblicksinformationen hinaus, eine Grundlage für eine Debatte und Schritte zur Verbesserung der Qualität von Angeboten bildeten.

Einsichten und Erfahrungen aus der Durchführung von Bestandsaufnahmen und aus darauf aufbauenden Initiativen zur Entwicklung von Qualitätsstandards oder zur Evaluation von Maßnahmen und Angeboten sind:
- Eine Anforderung bei der Erstellung von Bestandsaufnahmen war die Sicherstellung der Qualität und Aktualität der in ihnen enthaltenen Informationen. Hier mussten die Vorhaben entscheiden, welche Informationen die Anbieter selbst zuliefern können und wo ein neutraler, externer Blick benötigt wird.
- Die Bestandsaufnahmen bildeten eine Grundlage für die Entwicklung von Qualitätsstandards. Durch die Kurzfristigkeit von Projekten und Programmen riskieren Qualitätsstandards schnell zu veralten. Darum wurde der Weg gewählt, Standards nicht für einzelne Angebote oder Programme sondern für Angebotstypen und Handlungsfelder zu entwickeln.
- Die Entwicklung von Qualitätsstandards für Angebotstypen oder Handlungsfelder war wiederholt durch Zuständigkeitsfragen in Frage gestellt (Wer ist befugt, unterschiedlichen Akteuren in einem Handlungsfeld durch Qualitätsstandards Vorgaben zu machen?). Um Kontroversen über Zuständigkeiten aus dem Weg zu gehen, wurden Standards in Verfahren eines fachlichen Diskurses von Fachkräften aus unterschiedlichen Zuständigkeitsbereichen entwickelt. Aufgabe der Koordinationsgremien war es, in einem zweiten Schritt solchen Standards über Zuständigkeiten hinweg Geltung zu verschaffen.
- Auch die Evaluation von Angeboten und Maßnahmen wurde durch Zuständigkeitsfragen erschwert (Wer ist befugt, mein Angebot zu evaluieren?). Evaluationen beschränkten sich darum meist auf einzelne Programme oder Projekte. In einem nächsten Schritt ist es Aufgabe der Koordinationsgremien, zu Absprachen zur Durchführung programmübergreifender Evaluationen zu gelangen.
- Erschwert wurden Evaluationen auch durch die Skepsis der betroffenen Fachpraxis (Wird meine Arbeit nach den richtigen Kriterien bewertet?) und durch Zweifel an der Neutralität der Evaluatoren. Die Fachpraxis wurde darum an der Festlegung von Evaluationskriterien und -verfahren intensiv beteiligt. Für die Durchführung von Evaluationen wurden neutrale und fachlich ausgewiesene Expertinnen und Experten gewonnen.

INITIATIVEN ZUR VERBESSERUNG DER ANGEBOTSSTRUKTUR DES ÜBERGANGSSYSTEMS

Rund 80 Prozent der Standorte der *Förderinitiative Regionales Übergangsmanagement* nahmen bei ihren Initiativen zur Verbesserung der Angebotsstruktur des Übergangssystems die allgemeinbildenden Schulen der Sekundarstufe I zum Ausgangspunkt, weil hier die Weichen für den weiteren Weg in Ausbildung und Erwerbsarbeit gestellt werden.

Die Vorhaben haben den Fokus auf die Schulen gerichtet, weil diese eine dauerhafte Verantwortung für das Gelingen von Abschlüssen und Anschlüssen tragen und weil Schulen über die für die Erfüllung dieser Aufgabe notwendige institutionelle Stabilität verfügen. Allerdings geht diese dauerhafte Verantwortung und institutionelle Stabilität der Schulen mit einem hohen Maß an Beharrungsvermögen und einer Einbindung in komplexe administrative Strukturen einher.

Bei allen Unterschieden in den regionalen Rahmenbedingungen und dem Vorgehen der Arbeitsstäbe, lässt sich für die Strategien der Vorhaben im Feld der Schulentwicklung eine Reihe von Gemeinsamkeiten identifizieren:

- Ein erstes Kennzeichen des von den Standorten der *Förderinitiative* gewählten Vorgehens war, dass Prozesse der Schulentwicklung in einem ersten Schritt in einer kleineren Zahl von ausgewählten Kooperations- oder Modellschulen erprobt wurden, bevor ein Transfer auf weitere Schulen in Angriff genommen wurde.
- Ein zweites Kennzeichen war, dass Schulentwicklung als gemeinsamer Lernprozess von mehreren Schulen mit unterschiedlichen Entwicklungsständen organisiert wurde.
- Ein drittes Kennzeichen der Initiativen der Arbeitsstäbe war, dass Schulentwicklung als gemeinsames Lernen von Schulleitung, Kollegium, Eltern und sonstigen Kooperationspartnern organisiert wurde.
- Ein viertes Kennzeichen war, dass der Schulentwicklung ein Konzept von Förderbausteinen oder -elementen zugrunde gelegt wurde, die in den Schulen systematisch verknüpft sein müssen, damit eine Vorbereitung auf Abschlüsse und Anschlüsse gelingen kann.
- Ein fünftes Kennzeichen dieser Initiativen war, dass bei der Schulentwicklung eine systematische Kooperation mit Betrieben praktiziert wurde. Dabei reichte das Spektrum der Aktivitäten von der Organisation eines flächendeckenden Einsatzes von Betriebspraktika für Schüler/innen der Sekundarstufe I bis hin zur Stiftung von auf Dauer angelegten Lernpartnerschaften zwischen Schulen und Betrieben.

Die aktuelle Konjunktur von Programmen und Projekten zur Berufsorientierung konfrontierte die Vorhaben mit der Anforderung, das Feld der Angebote immer wieder neu zu sortieren. Dies erschwerte einerseits die Entwicklung einer konsistenten Angebotstruktur. Wo Vorhaben anderseits eine Konzeption für die Gestaltung des Übergangssystems an der „ersten Schwelle" entwickelt haben, gelang es Ihnen auch, die Flut von Programmen und Projekten für den Aufbau konsistenter Strukturen zu nutzen. Hier trug regionales Übergangsmanagement dazu bei, dass Programme und Projekte überhaupt Wirkungen in der gewünschten Richtung erzielten.

Kennzeichnend für die beruflichen Schulen an den Standorten der *Förderinitiative* war ein Missverhältnis zwischen ihrer Bedeutung im Übergangssystem, ihrem Beitrag zur Gestaltung der Bildungs- und Ausbildungswege Jugendlicher und dem geringen Grad ihrer Beteiligung am regionalen Übergangsmanagement. Ihr potenzieller Beitrag zu einem wirksamen regionalen Übergangsmanagement findet bisher zu wenig öffentliche Beachtung (etwa im Vergleich zur Diskussion um die Hauptschulen).

Die beruflichen Schulen als wichtige Gestalter von Übergangsverläufen sind insbesondere an den Standorten der *Förderinitiative* in Nordrhein-Westfalen und in den ostdeutschen Ländern in den Fokus des regionalen Übergangsmanagements gekommen. In Nordrhein-Westfalen wurden im Rahmen der *Förderinitiative* Untersuchungen begonnen und zum Teil abgeschlossen mit dem Ziel, die Wege Jugendlicher durch das System beruflicher Schulen und die Beiträge der beruflichen Schulen zum Gelingen dieser Wege aufzuklären. In Ostdeutschland wurden berufliche Schulen z.T. erstmals systematisch in Kooperationsbezüge und Abstimmungen einbezogen.

Die Zuständigkeit für die schulischen Regelangebote und die Ausgestaltung der Rahmenbedingungen für eine Kooperation der Schulen mit Dritten liegt bei den Ländern. Regionales Übergangsmanagement konnte und wollte der Landesebene diese Zuständigkeit nicht streitig machen. Als Ansatzpunkt für eine bessere Kooperation zwischen Landesebene und dem regionalen Übergangsmanagement diente dessen Fähigkeit, die Umsetzung von Landesvorgaben in der Region praktisch zu unterstützen und auch gegebenenfalls Umsetzungshindernisse und -defizite der Landesebene zurückzuspiegeln. Auf diesem Wege haben die Vorhaben der *Förderinitiative* dazu beigetragen, das Landesinteresse an einer verbesserten lokalen oder regionalen Kooperation an der Schnittstelle Schule/Ausbildung zu stärken und dadurch Grundlagen für eine verbesserte Kooperation zwischen Landesebene und regionalem Übergangsmanagement zu schaffen.

1 Ausgangslage der Förderinitiative Regionales Übergangsmanagement

WARUM REGIONALES ÜBER-GANGSMANAGEMENT?

Der Abschluss einer Ausbildung in einem anerkannten Ausbildungsberuf gilt in Deutschland als Mindestausstattung für Erwerbsarbeit. Dennoch erreichen rd. 15 Prozent eines Altersjahrgangs keinen Berufsabschluss. Vom Ziel „Ausbildung für alle" sind wir also noch entfernt.

Dabei ist das Risiko, ohne Berufsabschluss ins Erwerbsleben eintreten zu müssen, nicht gleichmäßig verteilt. Bereits der erste *Nationale Bildungsbericht* (2006) stellte fest, dass „Jugendliche mit Hauptschulabschluss … sowohl im dualen als auch im vollzeitschulischen Ausbildungssystem deutlich geringere Chancen (haben) als Absolventen mit mittlerem Abschluss oder Hochschulreife. Für Jugendliche ohne Hauptschulabschluss bleibt kaum eine Chance auf Ausbildung" (Konsortium Bildungsberichterstattung 2006: 83). Die *Nationalen Bildungsberichte* der Jahre 2008 und 2010 haben diese Diagnose bestätigt (Autorengruppe Bildungsberichterstattung 2008; Autorengruppe Bildungsberichterstattung 2010).

Neben ungleichen Zugangschancen zu Ausbildung in Abhängigkeit von der besuchten Sekundarschule bzw. dem erworbenen Schulabschluss gibt es auffallende regionale Unterschiede beim Erreichen von Ausbildungsabschlüssen: Im September 2004 war die Ungelerntenquote bei den 25-Jährigen (Anteil der Personen ohne Ausbildungsabschluss an den sozialversicherungspflichtig Beschäftigten und den gemeldeten Arbeitslosen) z.B. in Berlin drei Mal so hoch wie im Arbeitsamtsbezirk Annaberg-Buchholz (Sachsen). Mit anderen Worten: Die Wahrscheinlichkeit, dass ein junger Mensch ohne Ausbildungsabschluss ins Erwerbsleben eintrat, war in Berlin dreimal so hoch wie in Annaberg-Buchholz (Braun/Müller 2009: 40).

Dabei können unterschiedlich hohe Ungelerntenquoten nicht allein mit regional unterschiedlichen Angebots-/Nachfragerelationen auf dem Lehrstellenmarkt erklärt werden. Einerseits gibt es Länder (z.B. Bayern, Baden-Württemberg) und Arbeitsagenturbezirke (z.B. Traunstein, Rosenheim, Weißenburg, Ingolstadt, Landshut, Freising, Weilheim), in denen eine günstige Angebots-/Nachfragerelation mit einer unterdurchschnittlichen Ungelerntenquote zusammenfällt. Auch treffen in Berlin und in Agenturbezirken wie Bremerhaven, Dortmund, Gelsenkirchen und Duisburg ungünstige Angebots-/Nachfragerelationen mit überdurchschnittlich hohen Ungelerntenquoten zusammen. Aber es gibt auch Gegenbeispiele: Auch bei regional sehr ungünstigen Angebots-/Nachfragerelationen kann die Ungelerntenquote unterdurchschnittlich ausfallen. Beispiele sind Bautzen, Dessau, Neubrandenburg, Sangerhausen, Eberswalde und Frankfurt/Oder. In diesen Agenturbezirken herrschte zum Untersuchungszeitraum ein extremes Ungleichgewicht zwischen Ausbildungsplatznachfrage und -angebot zu Ungunsten der Ausbildungsplatzbewerber/innen. Dennoch lagen die Ungelerntenquoten der 25-Jährigen deutlich unter dem Bundesdurchschnitt (Braun/Müller 2009: 42). Wenn aber die Wahrscheinlichkeit, dass ein junger Mensch ohne Ausbildung bleibt, nicht allein von der Lehrstellensituation in seiner Heimatregion abhängt, dann gibt es auch Spielräume, durch regionale Initiativen Ausbildungslosigkeit zu verhindern.

Wo regionale Initiativen ansetzen können, zeigt das *DJI-Übergangspanel*, eine mit Unterstützung durch das *Bundesministerium für Bildung und Forschung (BMBF)* durchgeführte bundesweite Längsschnittuntersuchung zu den Bildungs- und Ausbildungswegen von Hauptschulabsolventinnen und -absolventen: Nach den Ergebnissen dieser Untersuchung gelingt nur jeder/m vierten Hauptschüler/in nach Ende des Pflichtschulbesuches der direkte Einstieg in Ausbildung. Für gut ein

Rund 15 Prozent eines Altersjahrgangs erreichen keinen Berufsabschluss. Vom Ziel „Ausbildung für alle" sind wir also noch weit entfernt.

Drittel der Jugendlichen beginnt der weitere Bildungsweg mit einem einjährigen Zwischenschritt in einer Schule oder einem berufsvorbereitenden Lernangebot. Diese Zwischenschritte werden von einem Teil der Jugendlichen als Möglichkeit der Chancenverbesserung gesehen, weit häufiger aber als Notlösung mangels besserer Alternativen. Umso wichtiger ist, dass die Jugendlichen nach einem Jahr Notlösung den gewünschten Anschluss erreichen. Dies gelingt aber nur der Hälfte der Jugendlichen. Etwa ein Drittel der Jugendlichen beginnt einen zweiten Zwischenschritt, der Rest arbeitet ungelernt oder ist weder in Bildung, Ausbildung noch Erwerbsarbeit (Reißig/Gaupp/Lex 2008).

„Weil sich die Jugendlichen teils für Zwischenschritte entscheiden, um ihre Chancen zu verbessern, teils mangels besserer Alternativen gehen (müssen), kommt es darauf an, dass sich aus verschiedenen Schritten vernünftige Abfolgen ergeben, die die Jugendlichen subjektiv und objektiv ihrem Ziel näher bringen, eine Ausbildung zu beginnen und erfolgreich abzuschließen. Gelingt dies nicht, so wächst auf Seiten der Jugendlichen das Risiko, dass sie ihre Bildungs- und Ausbildungsanstrengungen resigniert einstellen. Und auf Seiten der Ausbildungsbetriebe wächst die Wahrscheinlichkeit, dass sie Jugendlichen mit tatsächlichen oder vermeintlichen Maßnahmekarrieren keine Chance geben, weil ihnen der Erfolg der Ausbildung bei diesen Voraussetzungen zu ungewiss erscheint" (Gaupp/Lex/Reißig/Braun 2008: 43).

DIE FÖRDERINITIATIVE REGIONALES ÜBERGANGS-MANAGEMENT UND AUF-GABEN DER VORHABEN DER FÖRDERINITIATIVE

Das *BMBF* hat im Jahr 2008 das Programm *Perspektive Berufsabschluss* mit den *Förderinitiativen Regionales Übergangsmanagement* und *Abschlussorientierte modulare Nachqualifizierung* gestartet. Mit dieser thematischen Fokussierung der beiden *Förderinitiativen* sollten sowohl präventive, auf das Gelingen der Übergänge in Ausbildung gerichtete Aktivitäten, als auch eine auf Reintegration gerichtete Komponente, im Sinne einer zweiten Chance zum Nachholen von Ausbildungsabschlüssen, implementiert werden.

Die *Förderinitiative Regionales Übergangsmanagement* umfasste im ersten Quartal 2010 insgesamt 27 Standorte, die alle im Jahr 2008 ihre Arbeit zum Aufbau bzw. zur Fortentwicklung ihres regionalen Übergangsmanagements aufgenommen haben. Vertreten ist das breite Spektrum struktureller Merkmale deutscher Regionen: Stadtstaaten wie Berlin und Hamburg, Großstädte in relativ prosperierenden Regionen (z.B. Stuttgart und Leipzig) aber auch in Ballungsräume mit schwieriger Wirtschaftsentwicklung (z.B. Oberhausen und Nürnberg), wirtschaftlich starke Landkreise (z.B. der Rheingau-Taunus-Kreis in Hessen und der Hohenlohekreis in Baden-Württemberg) aber auch wirtschaftlich eher schwache Landkreise (wie der Salzlandkreis in Sachsen-Anhalt), kreisabhängige Städte in West- und in Ostdeutschland.

Große Unterschiede zwischen den Vorhaben der *Förderinitiative* gab es bei deren Start auch im Hinblick auf den Stand der Vorarbeiten für ein regionales Übergangsmanagement und der im Zuge dieser Vorarbeiten bereits etablierten Strukturen und Prozesse. Zwar sollten nach den Förderrichtlinien alle Standorte über Vorarbeiten zum Übergangsmanagement verfügen. Gleichwohl gab es zu Beginn der Arbeit der Vorhaben einen hohen Grad von Heterogenität in den Ausgangsbedingungen.

Einzelne Standorte hatten im Rahmen von Landesprogrammen (insbesondere in Hessen und Nordrhein-Westfalen) oder in der von der *Freudenberg Stiftung* angestoßenen *Weinheimer Initiative* über Jahre hinweg am Aufbau von Strukturen und Prozessen arbeiten können (Kruse u. a. 2010). An anderen Standorten gab es auch ohne eine solche Unterstützung durch Landesprogramme oder Stiftungen auf ausschließlich kommunaler Initiative beruhende, systematisch und langfristig angelegte Entwicklungsprozesse in Richtung auf ein regionales Übergangsmanagement. Daneben gab es aber auch Standorte, an denen bestenfalls erste Schritte eingeleitet waren. Der Stand der Vorarbeiten und der in ihnen etablierten Strukturen und Prozesse waren also höchst heterogen, als die Vorhaben im zweiten Halbjahr 2008 im Rahmen der *Förderinitiative* ihre Arbeit aufnahmen bzw. fortsetzten.

Anknüpfend an ihre Vorarbeiten und ausgehend von unterschiedlichen Ausgangssituationen setzten sich die 27 Standorte in der *Förderinitiative Regionales Übergangsmanagement* schwerpunktmäßig mit den folgenden Anforderungen auseinander:

- Sie entwickelten Strukturen und Prozesse einer akteursübergreifenden Koordination und Kooperation. Sie prüften die Zuständigkeiten und Handlungsmöglichkeiten der einzelnen Akteure bei der Gestaltung des Übergangsmanagements. Sie verbesserten die Kooperation zwischen der regionalen und der Landesebene. Sie klärten, wie durch bundeszentrale Vorgaben gesteuerte Akteure (z.B. die Arbeitsagenturen) ihre Aktivitäten und Leistungen in eine abgestimmte regionale Angebotsstruktur einbringen können.
- Sie klärten, welcher Handlungsbedarf in der Kommune oder im Landkreis sich aus den Übergangsverläufen Jugendlicher zwischen Schule und Ausbildung ergibt und entwickelten Verfahren, Übergangsmanagement systematisch durch Daten über Übergangsverläufe zu unterfüttern. Hintergrund dafür war, dass es an den Standorten der *Förderinitiative* in den meisten Fällen keine systematischen und umfassenden Informationen zum Übergangsgeschehen gab.
- Sie schafften Transparenz über lokale Angebotsstrukturen. Eine solche Transparenz fehlte, weil im Feld der Angebote im Übergang Schule – Berufsausbildung (Angebote der allgemeinbildenden und beruflichen Schulen, der Berufsberatung, der Jugendhilfe und aus Programmen von Bund und Ländern, der *Bundesagentur für Arbeit*, der Kommunen, Stiftungen und anderer Akteure) keine Stelle einen Überblick über die Gesamtheit der Angebote hatte.
- Sie implementierten Interventionen zur Verbesserung der Angebotsstruktur, teils durch die Fortentwicklung vorhandener Angebote, teils durch Füllung von Lücken im Angebotssystem, teils durch eine systematische Vernetzung von Angeboten.

Antragsteller und für die Umsetzung des regionalen Übergangsmanagement verantwortlich waren überwiegend die Kommunen und Landkreise selbst, vertreten durch Oberbürgermeister/innen oder Landräte/Landrätinnen. Oder die Verantwortung für die Antragstellung lag bei den Leiterinnen und Leitern von Ämtern oder Dezernaten. In einer kleineren Zahl von Fällen fungierten kommunale Einrichtungen oder von der Kommune „beliehene Träger" als Antragsteller.

Regionales Übergangsmanagement will durch eine bessere Abstimmung von Strukturen, Programmen, Projekten und Angeboten zwischen den für deren Gestaltung Verantwortlichen das Übergangssystem so verbessern, dass Übergänge gelingen und

Ausbildungslosigkeit vermieden wird. Als Übergangssystem wird hier – abweichend von der Definition des *Nationalen Bildungsberichts* (nach der als Übergangssystem die zwischen Schule und regulärer Ausbildung angesiedelten Angebote verstanden werden, die nicht zu anerkannten berufsqualifizierenden Abschlüssen führen) – die Gesamtheit von Strukturen, Programmen, Projekten und Angeboten bezeichnet, durch die der Übergang von der Schule in Ausbildung gestaltet – befördert, aber möglicherweise auch behindert – wird.

Dieser Bericht folgt den oben genannten durch die Vorhaben in Angriff genommenen zentralen Aufgaben bzw. Handlungsfeldern und die einzelnen Kapitel haben die folgende Struktur:

- In einem ersten Schritt werden die der Aufgabe bzw. dem Handlungsfeld zugrunde liegenden Diagnosen und Zielsetzungen skizziert.
- Den zweiten Schritt bildet eine Beschreibung der eingesetzten Strategien, Verfahren und Instrumente,
- Der dritte Schritt enthält eine Darstellung der dabei gewonnen Ergebnisse und Erfahrungen.
- Im vierten Schritt werden die weiteren Perspektiven des Einsatzes unterschiedlicher Strategien behandelt.

Fallstudien und Analytische Berichte als Datengrundlagen dieses Berichts

Die empirische Basis für diese Zwischenbilanz bilden die jährlich für alle Standorte der Förderinitiative Regionales Übergangsmanagement erstellten Analytischen Berichte der wissenschaftlichen Begleitung. Gegenstände der Analytischen Berichte sind die Ziele der Vorhaben, die für das Übergangsmanagement geschaffenen Strukturen, die bei seiner Implementation ablaufenden Prozesse und die Aktivitäten zur Verbesserung der Informationsbasis für das Übergangsmanagement und zur Gestaltung des Übergangssystems. Die Analytischen Berichte richten einen umfassenden Blick auf das regionale Geschehen und versuchen auch Entwicklungen zu erfassen, die außerhalb des Geplanten ablaufen, der Planung gegebenenfalls auch entgegen wirken.

Die jährlichen Analytischen Berichte werden für alle 27 Standorte durch die wissenschaftliche Begleitung auf der Grundlage von Fallstudien erstellt. Pro Standort werden mit relevanten übergangspolitischen Akteuren vier bis sechs leitfadengestützte Interviews geführt. Die zu interviewenden Expertinnen und Experten werden durch die Arbeitsstäbe der Vorhaben vorgeschlagen und die Interviewtermine werden von diesen koordiniert. Zusätzlich werden durch die wissenschaftliche Begleitung weitere Interviewpersonen identifiziert, die die Aktivitäten zum Übergangsmanagement eher aus einer Außenperspektive verfolgen.

Die erste Welle von Fallstudien zur Erstellung der Analytischen Berichte wurde im zweiten Halbjahr 2008 durchgeführt, zu einem Zeitpunkt also, zu dem sich viele Vorhaben noch in der Anfangsphase ihrer Arbeit befanden.

Die zweite Befragungswelle fand schwerpunktmäßig im zweiten Quartal 2009 statt. Die Ergebnisse der dritten Welle von Fallstudien im Jahr 2010 konnten nur teilweise in diese Zwischenbilanz einfließen.

- Für jedes Handlungsfeld wird diskutiert, welche Beiträge zur Herstellung von Chancengleichheit zwischen den Geschlechtern und zur Beseitigung herkunftsbedingter Benachteiligungen geleistet werden.
- In einem letzten Schritt werden für jedes Handlungsfeld Leitlinien formuliert, wie eine erfolgreiche Bearbeitung des Handlungsfeldes zu befördern ist. Diese Leitlinien haben den Charakter von Empfehlungen für Personen und Institutionen, die in ihrer Region Übergangsmanagement in Angriff nehmen wollen.

GENDER MAINSTREAMING UND CULTURAL MAINSTREAMING ALS QUERSCHNITTS-THEMEN

Alle Vorhaben im Programm *Perspektive Berufsabschluss* stehen vor der Anforderung, zur Beseitigung geschlechts- oder herkunftsbedingter Benachteiligungen beizutragen. Die Programmrichtlinien bezeichnen diese Anforderung mit den Begriffen *Gender Mainstreaming* und *Cultural Mainstreaming*. Es ist hier nicht beabsichtigt, zu der über diese Begriffe und die ihnen zugrunde liegenden Konzepte geführten Debatte einen Beitrag zu leisten. Wenn in diesem Text diese Begriffe benutzt werden, stehen sie für Beiträge zur Beseitigung der oben genannten Benachteiligungen.

2 Entwicklung von Strukturen und Prozessen des regionalen Übergangsmanagements

Kennzeichnend für die Ausgestaltung des Übergangssystems von Schule in Ausbildung ist eine große Vielfalt von Akteuren, Politikfeldern und Zuständigkeiten. Die Komplexität von Zuständigkeiten, Akteuren und Politikfeldern lässt sich exemplarisch am Beispiel der Programme und Projekte zur Berufsorientierung darstellen, die zum Ziel haben, die Übergänge in Ausbildung zu verbessern.

Berufsorientierung ist eine Aufgabe der allgemeinbildenden Schulen (mit Kultusministerien und Schulaufsichtsbehörden „im Hintergrund") und der Berufsberatung der *Bundesagentur für Arbeit* mit dem gesetzlichen Auftrag der Beratung und Vermittlung.

Darüber hinaus ist das Spektrum weiterer Akteure bei der Berufsorientierung breit gefächert:

- Arbeitsagenturen verantworten neben dem Regelangebot Berufsberatung auch die Umsetzung zeitlich befristeter Programme wie die *Vertiefte Berufsorientierung* und die *Berufseinstiegsbegleitung*.
- Betriebe sind Anbieter von Praktika für Schüler/innen, aber auch Partner der Schulen in Lernpartnerschaften.
- Kammern und Verbände der Wirtschaft sind Anbieter von Fördermaßnahmen für Schüler/innen und Mitglieder in Arbeitsgemeinschaften wie der *Arbeitsgemeinschaft Schule – Wirtschaft*.
- Jugendämter und freie Träger der Jugendhilfe sind Anbieter von Sozialarbeit in den Schulen und ergänzender Unterstützungsangebote außerhalb der Schulen.
- Bildungsdienstleister setzen an oder in Kooperation mit Schulen EU-, Bundes- und Landesprogramme zur Berufsorientierung um.
- An beruflichen Schulen und in überbetrieblichen Ausbildungsstätten werden für Schüler/innen der Sekundarstufe I im Rahmen von Landes- und Bundesprogrammen Schülerpraktika durchgeführt.
- Träger der Grundsicherung sind Initiatoren von berufsorientierenden Fördermaßnahmen für Jugendliche im Rechtskreis des SGB II.
- Kommunen und Landkreise führen eigene Programme zur Berufsorientierung durch und engagieren sich mit dem Ziel, die Vielfalt der Initiativen, Aktivitäten und Angebote von Dritten in ihrer Gebietskörperschaft zu einem konsistenten Ganzen zusammenzuführen.
- Stiftungen führen Wettbewerbe durch, zeichnen Beispiele guter Praxis aus und entwickeln Strategien, die in „Leuchtturmprojekten" verwirklichte gute Praxis in die Fläche zu bringen (Lippegaus-Grünau/Mahl/Stolz 2010: 6).

Expertinnen und Experten haben die Einschätzung, dass es nicht an Programmen, Projekten und Angeboten fehlt sondern an deren wirksamer Abstimmung.

Die von der wissenschaftlichen Begleitung an den Standorten der *Förderinitiative* befragten Expertinnen und Experten haben, von wenigen Ausnahmen abgesehen, die Einschätzung, dass es zur Verbesserung der Übergänge von der Schule in Ausbildung an ihren Standorten nicht an Programmen, Projekten und Angeboten fehle sondern an einer wirksamen Abstimmung zwischen Programmen, Projekten und Angeboten und zwischen den für deren Initiierung und Umsetzung Verantwortlichen.

Ziel der *Förderinitiative Regionales Übergangsmanagement* ist, den Aufbau von Strukturen und Prozessen für eine solche wirksame Abstimmung zu unterstützen.

> **Übergeordnete Zielstellung des Regionalen Übergangsmanagements im Landkreis Saalfeld-Rudolstadt ist es, eine Kooperation der regionalen Akteure und Netzwerke auf professioneller Basis zu initiieren und damit die Bündelung der Potenziale im Landkreis für eine bestmögliche Qualifizierung von Jugendlichen mit Förderbedarf im Übergang Schule – Ausbildung zu erreichen. Dafür werden kurz-, mittel- und langfristig folgende Ziele verfolgt:**
> - **Regionale Koordinierung und Steuerung durch Verbesserung der Kommunikationsstrukturen,**
> - **Bereitstellung von Informationen zur Berufswegplanung für Jugendliche und Beratungslehrer,**
> - **systematische Erfassung aller Maßnahmen und Projekte am Übergang Schule – Beruf in der Region,**
> - **Unterstützung regionaler Wirtschaft bei der Gewinnung von Fachkräften,**
> - **Vermeidung von Parallelförderung und „Maßnahmekarrieren" durch ein effektives, gemeinsames, arbeitsteiliges Vorgehen aller Beteiligten,**
> - **langfristig: Senken der Zahl Jugendlicher ohne Berufsabschluss.**

AUFBAU VON STRUKTUREN UND ENTWICKLUNG VON PROZESSEN DES REGIONALEN ÜBERGANGSMANAGEMENTS

Beim Aufbau des regionalen Übergangsmanagements mussten an den Standorten der *Förderinitiative* Entscheidungen getroffen und Aufgaben bewältigt werden:

Eine erste Entscheidung betraf den räumlichen Zuschnitt der Region, für die das Übergangsmanagement aufgebaut werden sollte.

Eine zweite Entscheidung galt der Zusammensetzung, Ausstattung und organisatorischen Anbindung eines Arbeitsstabes, der die für den Aufbau von Strukturen und die Entwicklung von Prozessen notwendigen Aufgaben bewältigen sollte.

Eine dritte Entscheidung betraf die Zusammensetzung und die Aufgaben eines Gremiums, in dem eine Abstimmung zwischen den Akteuren des Übergangssystems stattfinden sollte.

Eine vierte Entscheidung galt der Entwicklung eines Arbeitsplanes, der die zu bewältigenden Aufgaben in eine Abfolge von Arbeitsschritten übersetzte.

Eine weitere Aufgabe lag darin, die Aktivitäten des regionalen Übergangsmanagements mit der für Bildungspolitik zuständigen Landesebene zu verknüpfen.

Schließlich standen die Vorhaben vor der Aufgabe, für das regionale Übergangsmanagement die Unterstützung durch die Spitze der Verwaltung zu gewinnen und einen möglichst breiten Konsens der Mandatsträger in der Region sicher zu stellen.

Abb. 2:
Verteilung der Standorte auf Landkreise, kreisfreie Städte, Stadtstaaten und kreisabhängige Städte und „Regionen"

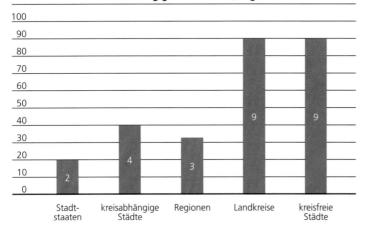

Räumlicher Zuschnitt für das regionale Übergangsmanagement

In der Ausschreibung zur *Förderinitiative* wurden keine Vorgaben gemacht zum räumlichen Zuschnitt der Regionen, in denen regionales Übergangsmanagement umgesetzt werden sollte. In anderen Programmen und Initiativen (Lernende Regionen, Regionale Bildungslandschaften, Weinheimer Initiative, Metropolregionen) waren als „Regionen" sehr unterschiedliche geografische Einheiten gefasst worden. Vor diesem Hintergrund wollte die Ausschreibung keine Entscheidung für ein spezifisches Regionskonzept vorgeben.

Unter den in die *Förderinitiative* aufgenommenen Vorhaben überwiegen kreisfreie Städte und Landkreise. Weiterhin sind zwei Stadtstaaten und mehrere kreisabhängige Städte vertreten. In drei Fällen waren „Regionen" Antragsteller.

Für kreisfreie Städte und Landkreise als räumlicher Zuschnitt für den Aufbau eines regionalen Übergangsmanagement sprachen das Vorhandensein von Verwaltungsstrukturen und die Zuständigkeiten für Jugendpolitik/Jugendhilfe, für die Wirtschaftsförderung und für die Schulträgerschaft. Allerdings sind bei anderen wichtigen Akteuren des Übergangssystems die Zuständigkeiten räumlich anders geschnitten: Arbeitsagenturen, Kammern und die Schulaufsicht sind in der Regel für größere geografische Räume zuständig.

Waren kreisfreie Städte oder Landkreise die räumliche Einheit, für die das Übergangsmanagement aufgebaut werden sollte, so war zu berücksichtigen, dass die Übergangswege von Jugendlichen an den Kreisgrenzen nicht halt machen: In Ballungsräumen werden betriebliche Ausbildungsplätze zu hohen Anteilen mit aus dem Umland einpendelnden Jugendlichen besetzt. Auch beim Besuch beruflicher Schulen überschreiten Jugendliche häufig Kreisgrenzen. Sowohl bei der Analyse von Übergangswegen von Jugendlichen als auch bei der Erstellung von Bestandsaufnahmen zur Angebotsstruktur mussten also Pendlerströme berücksichtigt werden. Angesichts der Strukturen des Berufsbildungssystems mussten kreisfreie Städte und Landkreise über Grenzen der Gebietskörperschaft hinaus kooperieren. Dies galt noch verstärkt für kreisabhängige Standorte in der *Förderinitiative*. In der Regel haben diese in ihre Konzepte von vornherein Mechanismen der Kooperation mit ihrem Landkreis eingebaut.

Durch die (noch nicht abgeschlossenen) Kreisreformen der letzten Jahre waren insbesondere in Ostdeutschland Landkreise mit Flächengrößen entstanden, in denen Regionen mit sehr unterschiedlichen Strukturmerkmalen, häufig mehreren Mittelzentren (die davor kreisfreie Städte oder Verwaltungszentren der „Altkreise" waren), mit einer Zugehörigkeit zu mehreren unterschiedlichen

Arbeitsagentur- und Kammerbezirken und sehr unterschiedlichen Vorerfahrungen in der regionalen Kooperation und Vernetzung zusammengefasst worden. Unter diesen Rahmenbedingungen standen die Vorhaben vor der Anforderung, einerseits die Strukturen des neuen Landkreises zu nutzen, andererseits an die in den Altkreisen bzw. ehemals kreisfreien Städten noch bestehenden Strukturen und Erfahrungen anzuknüpfen, bzw. auf Kreisebene neu implementierte Arbeitsstrukturen und -prozesse auf die „Altkreise" herunter zu brechen.

Eine besondere Situation bestand an den Standorten Weinheim und Hoyerswerda: Weinheim eine kreisabhängige Stadt, Hoyerswerda bis 2008 kreisfrei, ab 2009 im Zuge der sächsischen Kreisreform kreisabhängige Kommune. Gemeinsam haben beide Standorte – bei gleichzeitig großen strukturellen Unterschieden – ein jahrelanges kommunales bildungspolitisches Engagement, den kontinuierlichen (von der *Freudenberg Stiftung* geförderten) Aufbau von Strukturen für eine kommunale Bildungspolitik und eine engagierte Mitarbeit in der *Weinheimer Initiative* (einem Zusammenschluss von Kommunen, die sich für regionales Übergangsmanagement engagieren). Beide Standorte verfügten damit bereits zum Beginn der *Förderinitiative* über Arbeitsstrukturen und eingespielte Verfahren der Kooperation und Koordination, die eine gut entwickelte Basis für die Fortentwicklung des regionalen Übergangsmanagements in einer kreisabhängigen Kommune darstellten

Eine besondere Ausgangssituation gab es in den beiden in der *Förderinitiative* vertretenen Stadtstaaten: Berlin und Hamburg. Hamburg hatte die exemplarische Erprobung der Kooperation zwischen den drei Ebenen Land, Bezirk und „Region" im Hamburger Bezirk Mitte in den Fokus seines Vorhabens gestellt. Berlin war mit dem Anspruch angetreten, für den gesamten Stadtstaat Strategien für eine bessere Kooperation und Koordination zu erarbeiten. Für die Stadtstaaten wird zu verfolgen sein, ob und gegebenenfalls welche Rolle die Bezirke bei der Umsetzung des Übergangsmanagements spielen können.

Der bisherige Verlauf der *Förderinitiative* belegt, dass kreisfreie Städte und Landkreise eine gute räumliche Basis für eine Abstimmung von Strukturen, Programmen, Projekten und Angeboten und zwischen den für diese Verantwortlichen darstellen. Die Konzentration der Aktivitäten des Übergangsmanagement auf diese geografischen Räume beruht auf diesen strukturellen Rahmenbedingungen. Wichtig war, dass auch Kooperationsbezüge über diese Räume hinaus bearbeitet wurden.

Eine Stärke kleiner geografischer Einheiten (insbesondere kreisabhängige Städte) liegt in ihrer strukturellen Homogenität und der Möglichkeit, über die Identifikation der Bürger mit ihrer Stadt bürgerschaftliches Engagement für regionales Übergangsmanagement zu mobilisieren.

Der Zuschnitt der Standorte der *Förderinitiative* erlaubt keine Aussagen über die Möglichkeiten des regionalen Übergangsmanagement in „Wirtschafts- oder Metropolregionen", die häufig auch länderübergreifend geschnitten sind (z.B. die Metropolregion Rhein-Neckar, die Kommunen der Länder Baden-Württemberg, Hessen und Rheinland-Pfalz einschließt).

Wenn die antragstellende Kommune eigenes Personal in die Arbeitsstäbe einbrachte, beförderte dies die Einbindung des Übergangsmanagements in kommunale Politik und kommunale Verwaltungsabläufe.

Zusammensetzung, Ausstattung und organisatorische Anbindung der Arbeitsstäbe Regionales Übergangsmanagement

An allen Standorten wurden für den Aufbau des Übergangsmanagements Arbeitsstäbe eingerichtet. Die bei der *Förderinitiative* beantragten personellen Ausstattungen für diese Arbeitsstäbe richteten sich nach dem Umfang der geplanten Aktivitäten und variierten zwischen mindestens einer und maximal vier Vollzeitstellen. An vielen Standorten wurden diese Arbeitsstäbe durch eigenes Personal der Antragsteller verstärkt. In diesen Fällen liegt die Leitung der Arbeitsstäbe meist bei dauerhaft beschäftigen Fachkräften der Antragsteller, während das übrige Personal aus der Zuwendung der *Förderinitiative* in der Regel zeitlich befristet beschäftigt wird. Zum Teil arbeiten in den Arbeitsstäben auch Freiberufler oder Fachkräfte, die von Bildungsdienstleistern ausgeliehen wurden.

Überwiegend wurden die Arbeitsstäbe – und besonders die Leitungsfunktionen in diesen Arbeitsstäben – mit Personen besetzt, die über längere Erfahrungen im Thema Übergang Schule – Berufsausbildung, in der Wahrnehmung von Koordinationsaufgaben in diesem Feld und/oder in der öffentlichen Verwaltung verfügten. Auffallend ist ein hoher Anteil von Fachkräften mit Expertise in der Durchführung sozialwissenschaftlicher Erhebungen und Analysen. Seltener wurden Fachkräfte mit Erfahrungen in der unmittelbaren pädagogischen Arbeit mit bildungsbenachteiligten Jugendlichen für die Arbeitsstäbe rekrutiert. An vielen Standorten gab es einen Wechsel zwischen den für die Antragstellung und den für die Umsetzung zuständigen Personen, wobei mit dem personellen Wechsel auch konzeptionelle Veränderungen einhergingen.

Zugeordnet wurden diese Arbeitsstäbe in der Regel der antragstellenden Stelle: also z.B. als Stabsstelle der/dem Oberbürgermeister/in oder als Arbeitsgruppe einem kommunalen Dezernat oder Amt. In einigen Fällen wurden die Arbeitsstäbe bei kommunalen Einrichtungen oder bei durch die Kommune „beliehenen" Trägern angesiedelt. Seltener wurden sie an Schnittstellen zwischen mehreren kommunalen Ämtern platziert, um dem ressortübergreifenden Charakter des Übergangsmanagements Rechnung zu tragen.

Die Stadt Weinheim hat die kommunale Koordinierungsstelle für das Übergangsmanagement Schule-Beruf in der Stadtverwaltung angesiedelt, allerdings nicht einem Fachamt zugeordnet, sondern dem Oberbürgermeister unterstellt. Verwaltungsorganisatorisch ist sie dem Amt für Bildung, Sport und Bäder zugeordnet, mit dessen Amtsleitung sie eng zusammenarbeitet.
Diese Konstruktion gibt der Koordinierungsstelle den Spielraum, zwischen den städtischen Ämtern (Jugendamt, Bildungsamt/Schulverwaltung, Wirtschaftsförderung etc.) moderierend und koordinierend zu wirken. Sie wird als eigenständige Einrichtung und nicht als Teil des Bildungsamtes wahrgenommen. Außerdem ist in dieser Konstruktion angelegt, dass sich der Oberbürgermeister regelmäßig mit dem Thema Übergangsmanagement befasst.

An mehreren Standorten sollte die Ansiedlung des regionalen Übergangsmanagements als Stabsstelle beim Oberbürgermeister Konkurrenzen und Kooperationsschwierigkeiten zwischen verschiedenen Dezernaten überwinden. Damit die betroffenen Dezernate sich nicht in ihren jeweiligen Kompetenzbereichen beschnitten fühlten, setzen sich die Arbeitsstäbe aus Mitarbeiterinnen und Mitarbeitern mehrerer Dezernate zusammen, sind aber insgesamt dem Büro der Oberbürgermeisterin/des Oberbürgermeisters unterstellt.

Eine Sonderform der Anbindung stellt in Nordrhein-Westfalen die Ansiedlung des Übergangsmanagements in *Bildungsbüros* dar, die per Kooperationsvereinbarung zwischen Kommune und Land eingerichtet wurden. Als *Bildungsbüros* organisiert wurden im Verlauf der *Förderinitiative* auch die Arbeitsstäbe des regionalen Übergangsmanagements an Standorten außerhalb Nordrhein-Westfalens, ohne dass es vergleichbare Kooperationsgrundlagen zwischen Land und Kommune gab.

Im Landkreis Soltau-Fallingbostel wurde für das regionale Übergangsmanagement ein Bildungsbüro gegründet, das seitdem Anlaufstelle für die Abstimmung aber auch die Umsetzung von Projekten und Programmen ist. Die direkte Anbindung beim Landrat bedeutet, dass die Arbeit des Bildungsbüros als neutral wahrgenommen wird. Die Zuständigkeit des Büros für Programme und Projekte hilft Doppelstrukturen zu vermeiden und Synergien und Abstimmung zu verbessern.

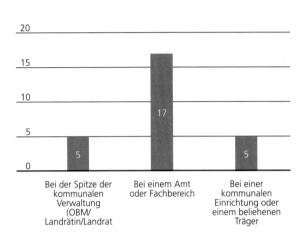

Abb. 3:
Ansiedlung der Arbeitsstäbe des regionalen Übergangsmanagements

In Hamburg, dessen Konzept die Verbesserung der Kooperation zwischen Land, Bezirk und Stadtteilen zum Gegenstand hatte, wurden die Stellen des Arbeitsstabes auf diese drei Ebenen verteilt, wobei die Leitung auf der Landesebene angesiedelt wurde.

Die Unterschiede in der personellen Ausstattung der Arbeitsstäbe machen Vergleiche zwischen den Standorten schwierig. Nicht immer standen Ressourcen und Aufgaben in einem angemessenen Verhältnis. Wo das Übergangsmanagement mit nur einer Personalstelle ausgestattet war, war diese in der Regel eng in bestehende Organisationsstrukturen eingebunden. Aus mehreren Personen bestehende Arbeitsstäbe hatten den Vorteil, dass sie die nur wenig vorstrukturierten Anforderungen des Übergangsmanagements als Team angehen konnten.

Wenn die antragstellende Kommune eigenes Personal in die Arbeitsstäbe einbrachte, das im Arbeitsstab Leitungsfunktionen wahrnahm, beförderte dies die Einbindung des Übergangsmanagements in kommunale Politik und Verwaltungsabläufe. Das Einbringen eigener personeller Ressourcen in die Arbeitsstäbe wurde in deren Umfeld als ein Indiz dafür in-

terpretiert, dass die Kommune sich über den Förderzeitraum des Programms hinaus für das regionale Übergangsmanagement engagieren wollte. Dies war ein wichtiges Signal an die Akteure bzw. Kooperationspartner in der Region.

Im Landkreis Gütersloh wurde das Regionale Koordinationssystem U25 in der Struktur der bestehenden Aufgabenverteilung der Verwaltung verankert. Das Projekt wurde im Bildungsbüro angesiedelt und dort in das Handlungsfeld Übergang Schule – Beruf integriert. Die Stelle einer Referentin für das Handlungsfeld Übergang Schule – Beruf wurde als Dauerstelle eingerichtet. Damit wurde nach innen und außen die Wertigkeit dieses Themas deutlich gemacht und eine Basis geschaffen für eine längerfristige Bearbeitung dieses Handlungsfeldes.
Das aus Mitteln des Programms Perspektive Berufsabschluss finanzierte zusätzliche Personal umfasst zusätzlich drei halbe Stellen für Projektassistenz und wissenschaftliche Mitarbeit. Projektleiterin ist die Fachreferentin Übergangsmanagement im Bildungsbüro, deren Stelle zu 100 Prozent vom Kreis finanziert wird.
Die Einbindung des Handlungsfeldes Übergang Schule – Beruf in das personell gut ausgestattete Bildungsbüro (und damit in das „Regelgeschäft" des Kreises) stellt eine intensive Vernetzung mit Schulen, Kommunen und außerschulischen Partnern sicher.

In dem Maße, wie sich im Verlauf der *Förderinitiative* die Erhebung und Aufbereitung von Informationen zum Übergangsgeschehen und zum Übergangssystem durch die Arbeitsstäbe zu einem Motor für das Übergangsmanagement wurde (vgl. dazu die folgenden Kapitel), erwies sich das Vorhandensein einer dafür notwendigen sozialwissenschaftlichen Kompetenz in den Arbeitsstäben als wichtige Gelingensvoraussetzung. Von großer Bedeutung war dabei die Verbindung mit Erfahrungen in der Kooperation mit Akteuren des Übergangssystems und einer kommunalpolitischen Kompetenz.

Die Art und der Grad der Integration in die Verwaltungsstrukturen hatten Konsequenzen für die Wirksamkeit der Arbeit der Arbeitsstäbe und die Wahrscheinlichkeit einer Verstetigung des regionalen Übergangsmanagements über die Zeit der Programmförderung hinaus. Eine volle Integration in die Verwaltungsstrukturen – bis hin zu einer Verteilung der Mitglieder des Arbeitsstabes auf unterschiedliche Referate eines Amtes – war ein Signal für eine Akzeptanz des regionalen Übergangsmanagement als dauerhafte Regelaufgabe. Gleichzeitig ging mit einer Integration in die Verwaltungsstrukturen in der Regel eine Einschränkung von Freiräumen und Handlungsmöglichkeiten der Arbeitsstäbe einher.

Die Orte der Anbindung der Arbeitsstäbe hatten Konsequenzen für inhaltliche Schwerpunktsetzungen. Die Anbindung als Stabsstelle bei der Verwaltungsspitze (Oberbürgermeister/in, Landrätin/Landrat) signalisierte: Regionales Übergangsmanagement ist Chefsache und muss ressortübergreifend angegangen werden! Mit der Anbindung beim Jugendamt ging z.T. eine Konzentration des regionalen Übergangsmanagements auf in besonderer Weise benachteiligte oder gefährdete Jugendliche einher. Regionales Übergangsmanagement angesiedelt in einem Bildungsbüro hatte eher eine Fokussierung in Richtung Schulentwicklung zur

Folge. Allerdings, trotz dieser mit der Anbindung bei unterschiedlichen Ressorts einhergehenden Schwerpunktsetzungen führten diese an keinem Standort dazu, dass die ressortübergreifenden Anforderungen des Übergangsmanagements aus dem Blick gerieten.

In der Stadt Fürstenwalde wurde der Arbeitsstab an die Stabsstelle Wirtschaftsförderung „angedockt", die vielfältige und enge Kontakte zu Unternehmen unterhält. Das sollte ein Übergangsmanagement ermöglichen, das sich sowohl am Interesse der Jugendlichen wie auch der Unternehmen orientiert. Indem der Fachkräftebedarf der Unternehmen ernst genommen wurde, sollten auch Jugendlichen mit schwächeren Bildungsvoraussetzungen am ersten Ausbildungs- und Arbeitsmarkt bessere Chancen eröffnet werden.

Auffallend ist, dass eine Anbindung der Arbeitsstäbe an die kommunale Wirtschaftsförderung eher in Ostdeutschland als in Westdeutschland erfolgte. Eine Erklärung dafür ist die demografische Entwicklung in Ostdeutschland, die Betriebe dort zunehmend mit Schwierigkeiten konfrontiert, den benötigten Fachkräftenachwuchs zu gewinnen. Dies erklärt auch die starke Fokussierung der ostdeutschen Standorte auf die Rolle der Betriebe und auf die Schaffung von Unterstützungsstrukturen, die es Betrieben ermöglichen, auch Schulabsolventinnen und -absolventen mit ungünstigeren Voraussetzungen erfolgreich auszubilden.

Als eher problematisch – insbesondere von Kooperationspartnern in der Region – wurde die Anbindung von Arbeitsstäben bei kommunalen Einrichtungen oder beliehenen Trägern wahrgenommen. Diese verfügten zwar in der Regel über gut qualifizierte Fachkräfte, vielfältige Kontakte und Kooperationsbeziehungen und gute Arbeitsstrukturen für die Aufgaben des Übergangsmanagements. Soweit diese Einrichtungen oder Träger aber gleichzeitig auch als Anbieter von bildungs- und arbeitsmarktpolitischen Dienstleistungen auftraten, gab es Zweifel an der für die Wahrnehmung von Koordinationsfunktionen erforderlichen Neutralität der Arbeitsstäbe.

Eine zusätzliche Bedeutung erhielt der Ort der Anbindung der Arbeitsstäbe dadurch, dass dies in der Regel gleichzeitig auch die Stelle war, an der Beiräte oder Koordinationsgremien für das regionale Übergangsmanagement angesiedelt wurden. Dieser Zusammenhang wird im folgenden Abschnitt dargestellt.

Die finanzielle Förderung des regionalen Übergangsmanagements durch das *BMBF* ist bis zum Ende des ersten Quartals 2012 befristet. Nach rund der Hälfte der Laufzeit müssen die Standorte der *Förderinitiative* klären, mit welchen Schwerpunktsetzungen und unter Einsatz welcher Ressourcen sie ihre Arbeit am regionalen Übergangsmanagement fortführen werden. Dazu gehören auch Entscheidungen, welches Ressort mittelfristig die Federführung übernehmen soll und in welcher Weise das regionale Übergangsmanagement in die Verwaltungsstrukturen integriert wird.

Das Bildungsbüro Dortmund ist seit dem vergangenen Jahr eine Abteilung des Schulverwaltungsamtes (Dezernat 7 Schule, Jugend und Familie) und hat dadurch eine deutliche Aufwertung erfahren. Die Position des Bildungsbüros nach außen und innen (und damit die Voraussetzungen einer nachhaltigen Absicherung der kommunalen Koordinierung im Übergang von der Schule in die Arbeitswelt, auch nach Auslaufen der Bundesförderung) konnten so deutlich gestärkt werden. Trotz alledem bleibt diese Koordinierungsleistung der Kommune freiwillige Aufgabe und steht damit angesichts realer Finanznot immer wieder unter Vorbehalt.

Gremien als Orte der Abstimmung

Bei den an den Standorten der *Förderinitiative* eingerichteten Gremien lassen sich zwei Varianten unterscheiden:

a) Koordinationsgremien der Akteure des Übergangssystems
b) Beiräte für die Arbeitsstäbe

Zwischen den beiden Varianten gibt es Überschneidungen. Die Unterschiede in der Aufgabenstellung und in den sich daraus ergebenden Anforderungen an Zusammensetzung und Arbeitsformen der Gremien sind

allerdings so bedeutsam, dass sie hier getrennt behandelt werden sollen.

Zu a): Koordinationsgremien der Akteure des Übergangssystems
Regionales Übergangsmanagement soll durch eine bessere Abstimmung von Strukturen, Programmen, Projekten und Angeboten zwischen den für deren Gestaltung Verantwortlichen das Übergangssystem so verbessern, dass Übergänge Jugendlicher von der Schule in Ausbildung gelingen und Ausbildungslosigkeit verhindert wird. Ein Koordinationsgremium ist der Ort, an dem eine solche Abstimmung erfolgt, indem Vertreter/innen aus relevanten Institutionen sich über eigene Aktivitäten und Planungen gegenseitig informieren und Verabredungen über ein gemeinsames Vorgehen treffen. Für diese Koordinationsgremien haben die Arbeitsstäbe des regionalen Übergangsmanagements eine Geschäftsstellenfunktion: Sie bereiten Sitzungen vor und nach, stellen in den Gremien ihre Arbeitsplanung zur Diskussion, erhalten Arbeitsaufträge und arbeiten diese ab.

In dieser Variante sind die Gremien in der Regel auf eine Größe von maximal zehn Mitgliedern begrenzt und diese sind Personen mit Leitungsverantwortung aus den zentralen Institutionen des Übergangssystems.

Zu b): Beiräte für die Arbeitsstäbe
Die zweite Gremienvariante sind Beiräte, die gegenüber den Arbeitsstäben eine Begleit- und Beratungsfunktion wahrnehmen. Die Arbeitsstäbe entwickeln ihr Arbeitsprogramm, die Beiräte begleiten dessen Umsetzung beratend. Die Beiratsmitglieder müssen primär über fachliche Kompetenzen aber nicht unbedingt über Entscheidungskompetenzen verfügen. Die Beiräte umfassen in der Regel eine deutlich größere Zahl von Personen aus einem breiteren Spektrum von Institutionen und Organisationen. In den Beiräten ist meist auch die Fachpraxis vertreten.

Diese Grundstruktur von einerseits Koordinationsgremien oder Beiräten und anderseits Arbeitsstäben, die Aufträge, Verabredungen und Beschlüsse umsetzen bzw. ihre Arbeitsplanung zur Diskussion stellen, wurde an der Mehrzahl der Standorte etabliert. Die Koordinationsgremien oder Beiräte wurden entweder neu eingerichtet oder deren Funktionen wurden bereits vorhandenen Gremien übertragen. In der Regel stand die Einrichtung eines solchen Gremiums bzw. die Übertragung der Funktionen auf ein vorhandenes Gremium am Anfang der Entwicklung des regionalen Übergangsmanagements, z.T. erfolgte sie schon im Vorfeld der Antragstellung.

In einer zweiten Verlaufsvariante war der Aufbau des Koordinationsgremiums oder Beirats Ergebnis eines längerfristig angelegten Prozesses, der von den Arbeitsstäben initiiert und vorangetrieben wurde. Dieser Ablauf war kennzeichnend für Standorte mit geringen Vorarbeiten und Vorerfahrungen.

In einer dritten Variante wurde auf eine feste Zuordnung des Arbeitsstabes zu einem Gremium verzichtet. Ein Grund dafür war, dass es bereits ein Gremium oder gar mehrere Gremien gab, das/die vergleichbare Funktionen wahrnahm/en. Die Arbeitsstäbe hatten bei dieser Konstellation in den Gremien in der Regel einen Gaststatus und/oder wurden zur Teilnahme an Sitzungen bzw. zu ausgewählten Tagesordnungspunkten gezielt eingeladen.

Die Bildung von Koordinationsgremien und Beiräten erwies sich als komplizierter, als – angesichts des an allen Standorten der *Förderinitiative* festzustellenden Konsenses, dass eine bessere Abstimmung zwischen den relevanten Akteuren notwendig sei – zu erwarten war. Dafür gab es unterschiedliche Gründe:

Ein erster Grund war, dass es an der Mehrzahl der Standorte bereits Gremien gab, die – in unterschiedlichen Zusammensetzungen und mit leicht variierenden Themenstellungen – an

einer verbesserten Kooperation und Abstimmung der Akteure im Übergangssystem arbeiteten: Zum Teil standen diese Gremien in einer längeren Tradition kommunalpolitischer Verantwortungsübernahme für den Übergang Schule – Berufsausbildung. Zum Teil beruhte ihre Arbeit auf gesetzlichen Vorgaben (Ausschüsse für berufliche Bildung, Gremien der Arbeitsagentur). Zum Teil waren es Beiräte, die zur Begleitung der Umsetzung von Landes- oder Bundesprogrammen eingerichtet wurden. Oder sie waren als Arbeitsgemeinschaften (z.B. die *Arbeitsgemeinschaften Schule – Wirtschaft*) Orte des bürgerschaftlichen Engagements.

Eine am Standort Marburg durchgeführte Bestandsaufnahme ergab, dass es in der Region nicht an Gremien mangelte, die Fragen des Übergangssystems behandeln, sondern an einer transparenten Gesamtstruktur und einer Abstimmung zwischen den bestehenden Gremien. Auf dieser Basis wurde ein Weiterentwicklungsvorschlag zur Gremienstruktur am Übergang Schule-Beruf erarbeitet, der allen Akteuren die bestehenden Strukturen transparent machte, Berichtswege zwischen den verschiedenen Arbeitsgruppen und die personelle Zusammensetzung einzelner Gremien klärte. Dieser Weiterentwicklungsvorschlag wurde mit den regionalen Partnern diskutiert, fand breite Zustimmung und führte zu einer Vereinbarung zur neuen Gremienstruktur.

Als kompliziert erwiesen sich auch die Entscheidungen zur Zusammensetzung der Koordinationsgremien. Zwar gab es einen weit gehenden Konsens, dass alle mit der Gestaltung des Übergangssystems befassten Institutionen durch Personen mit Leitungsverantwortung repräsentiert sein sollten. Das bedeutete allerdings, dass auch Institutionen und Personen einzubeziehen waren, die dem Anliegen des regionalen Übergangsmanagements eher skeptisch gegenüberstanden und das Mandat eines Koordinationsgremiums, verbindliche Absprachen zu treffen, eher anzweifelten. Hier wurden im Verlauf der *Förderinitiative* insbesondere die Kammern und die Arbeitsverwaltung, die zu Beginn dem regionalen Übergangsmanagement und seinen Koordinationsgremien eher skeptisch gegenüber standen, zunehmend in

die Prozesse und Strukturen integriert und übernahmen in diesen einen aktiven Part.

Eine dritte Schwierigkeit war die Einbindung der Gremienmitglieder in unterschiedliche rechtliche und organisatorische Kontexte. Das betraf insbesondere die Arbeitsagenturen, deren Vertreter/innen auf ihren gesetzlichen Auftrag und ihre Einbindung in die Organisationsstruktur der Bundesagentur für Arbeit verwiesen und auf das Risiko, dass in Koordinationsgremien getroffene Vereinbarungen durch gesetzliche Änderungen oder durch neue Erlasse aus der „Zentrale" hinfällig werden konnten.

Vor dem Hintergrund der genannten Schwierigkeiten war der Ort der Anbindung der Koordinationsgre-

Zentrale Koordinationsgremien am Standort Göttingen sind das Forum Schule und das Forum Übergangssystem, in denen Stärken und Schwächen des bestehenden Übergangssystems geklärt, Bedarfe ermittelt und Prioritäten für die Übergangsgestaltung gesetzt werden. Die Ergebnisse dieser Diskussionsrunden werden durch den Arbeitsstab strukturiert. An der Umsetzung arbeiten Unterforen, die zeitlich befristet eingerichtet werden und Entwicklungsaufträge zu spezifischen Themen (z. B. Netzwerkarbeit, Elternbeteiligung) abarbeiten.

Angesichts der Konstellationen von Akteuren, die an der Ausgestaltung des Übergangssystems beteiligt sind, braucht regionales Übergangsmanagement einen Ort, ein Gremium, in dem sich diese Akteure auf der Ebene von Personen mit Leitungsverantwortung austauschen und abstimmen und dem ein Arbeitsstab *Regionales Übergangsmanagement* zuarbeitet. Dieses Gremium muss nicht immer alle für den Übergang Schule – Berufsausbildung potenziell relevanten Akteure umfassen. Abhängig von den Handlungsfeldern, in denen eine Abstimmung erfolgen soll, ist auch eine Beschränkung auf die Akteure möglich, die für das betreffende Handlungsfeld unmittelbar relevant sind.

Angesichts der strukturellen Rahmenbedingungen, unter denen Absprachen nur per Konsens möglich sind, sind die Arbeitsfähigkeit und die Anbindung solcher Gremien von entscheidender Bedeutung. Nur durch die Anbindung bei einer Stelle mit „administrativ/politischem Gewicht" können Absprachen des Gremiums auch Konsequenzen haben und damit eine Grundlage für eine weitere Arbeit des Gremiums schaffen.

Nicht an allen Standorten der *Förderinitiative* gibt es diese Grundstruktur von Arbeitsstab und Koordinationsgremium, in dem die relevanten regionalen Akteure sich abstimmen. Ein Teil dieser Vorhaben wird sich noch in diese Richtung entwickeln, also Gremien aufbauen, in denen entweder die relevanten Akteure sich abstimmen können oder aber gegenüber den Arbeitsstäben eine Beiratsfunktion erfüllen. In einer weiteren Variante werden die Arbeitsstäbe die vorhandene Gremienstruktur weiterhin in der Weise nutzen, dass sie themenbezogen ihre Leistungen in vorhandene Gremien einbringen.

Um Doppel- oder Parallelstrukturen zu vermeiden, kooperiert das Regionale Übergangsmanagement Offenbach, angesiedelt in der Arbeitsförderung der Stadt, mit den in der Region bestehenden Gremien. In diesen Kooperationsbezügen werden schwerpunktmäßig vorhandene Bildungs-, Ausbildungs-, und Qualifizierungsangebote partizipativ weiterentwickelt und umgesetzt.

mien (z. B. bei der Verwaltungsspitze, einer Dezernats- oder Amtsleitung) von großer Bedeutung:

- Der Ort der Anbindung war einmal wichtig, weil die federführende Stelle bzw. der bei ihm angesiedelte Arbeitsstab für die Arbeitsfähigkeit des Gremiums (Vorbereitung der Sitzungen, Umsetzung von Aufträgen, Organisation der Kommunikation zwischen Gremienmitgliedern) zu sorgen hatte. Eine effiziente Zuarbeit der Arbeitsstäbe war für durch vielfältige und konkurrierende Anforderungen belastete Gremienmitglieder eine wichtige Voraussetzung für ein intensives und dauerhaftes Engagement im Koordinationsgremium.
- Der Ort der Anbindung des Gremiums war auch deshalb wichtig, weil er darüber entschied, ob und wie Absprachen und Entscheidungen des Gremiums in seinem relevanten Umfeld wahrgenommen wurden. Je größer das „administrativ/politische Gewicht" der/ des betreffenden Dezernentin/Dezernenten oder Amtsleiterin/-leiters, desto wahrscheinlicher war, dass Absprachen und Entscheidungen auch Konsequenzen hatten.

Zusätzlich zu den Koordinationsgremien und häufig von diesen angeregt wurden an vielen Standorten Fachgremien auf der „Arbeitsebene" eingerichtet. Hier wurden Vorlagen, Konzepte oder Standards in zeitlich befristeten aber relativ intensiven Arbeitsprozessen erarbeitet und Aufgaben erfüllt, die vom Aufwand her die Möglichkeiten der Mitglieder des Koordinationsgremiums überfordert hätten.

Insgesamt gab es eine Entwicklung ausgehend von einem eher breit angelegten Vorgehen hin zu einer Setzung von Schwerpunkten bei strategisch wichtigen Handlungsfeldern. Insofern entschied man sich für ein Vorgehen in einer aufeinander aufbauenden Abfolge von Arbeitsschritten.

Arbeitsplanung der Vorhaben

Mit ihren Anträgen an das *BMBF* mussten die Antragsteller ihre Arbeitsplanung für den Förderzeitraum vorlegen. Diese Arbeitsplanung war gemessen an den komplexen Anforderungen des regionalen Übergangsmanagements und den verfügbaren Ressourcen häufig sehr ehrgeizig.

In der Regel lagen die Arbeitsplanung und deren Fortschreibung bei den Arbeitsstäben. Abhängig vom Grad von deren Einbindung in die Verwaltung oder in Koordinationsgremien war diese Arbeitsplanung mehr oder weniger eng mit Verwaltung und Gremien abgestimmt.

Insgesamt gab es eine Entwicklung ausgehend von einem eher breit und umfassend angelegten Vorgehen hin zu einer Setzung von Schwerpunkten bei als strategisch wichtig identifizierten Handlungsfeldern. Dies war auch der Tatsache geschuldet, dass angesichts der Komplexität des Übergangssystems umfassend angelegte Interventionen für Arbeitsstäbe und Koordinationsgremien eine Überforderung darstellten. Insofern entschied man sich für ein Vorgehen in einer aufeinander aufbauenden Abfolge von Arbeitsschritten.

Die Fortschreibung und Konkretisierung der Arbeitsplanung war Aufgabe der Arbeitsstäbe. Je stärker diese in die Verwaltung eingebunden waren (als Stabsstellen bei der Verwaltungsspitze, als Arbeitsgruppen in Dezernaten, Ämtern oder in einem Bildungsbüro), desto enger war die Verzahnung der Arbeitsplanung mit dem Verwaltungshandeln der entsprechenden Organisationseinheit und den politischen Prioritäten der Kommune. Analoges gilt für das Verhältnis zwischen Arbeitsstäben und Koordinationsgremien. War die Zusammenarbeit eng, so nahmen die Gremien auch Einfluss auf die Arbeitsplanung, formulierten Wünsche und sorgten für Schwerpunktsetzungen bzw. auch Veränderungen in Prioritä-

ten. Umgekehrt galt, dass Arbeitsstäbe mit geringer Anbindung an Verwaltung oder Gremien in ihrer Arbeitsplanung relativ autonom vorgehen konnten. Dadurch konnten einerseits Arbeitspläne ohne störende Interventionen von außen abgearbeitet werden. Andererseits entfiel die Überprüfung der Realitätstauglichkeit des Vorgehens.

An mehreren Standorten wurden die ursprünglichen Arbeitspläne revidiert. Dafür gab es unterschiedliche Anlässe:

Relativ häufig mussten Planungen revidiert werden, weil unerwartete Hindernisse für eine Umsetzung des geplanten Arbeitsschritts auftraten:
- Die sicher geglaubte Kooperationsbereitschaft eines wichtigen Partners konnte nicht hergestellt werden.
- Der Arbeitsschritt erwies sich als politisch konfliktträchtig.
- Der für die Umsetzung des Arbeitsschritts erforderliche Aufwand war unterschätzt worden.

Ein weiterer Anlass für grundsätzliche Revisionen der Arbeitsplanung waren Veränderungen im Übergangssystem, insbesondere durch die Implementation neuer Programme oder die Veränderung bildungspolitischer Vorgaben. Beispiele dafür waren:
- Die 2009 gestartete Umsetzung der *Berufseinstiegsbegleitung*, die an vielen Standorten das Angebot von Begleitstrukturen für den Übergang in Ausbildung tief greifend veränderte;
- die Fortentwicklung der Struktur der Sekundarstufe I in Richtung auf ein zweigliedriges System, das Schulentwicklungsansätzen in Hauptschulen teilweise die Grundlagen entzog;
- das *Hamburger Rahmenkonzept für die Reform des Übergangssystems Schule – Beruf,* durch das das Hamburger Vorhaben seine Rolle im dazu eingeleiteten Umsetzungsprozess neu bestimmen musste.

Die Vorhaben zum regionalen Übergangsmanagement sind in dynamische Entwicklungsprozesse eingebunden. Auch einer wohldurchdachten Arbeitsplanung können durch nicht vorhersehbare Veränderung von Rahmenbedingungen die Grundlagen entzogen werden. Damit das Vorgehen der Vorhaben unter diesen Bedingungen nicht beliebig wird, sind an fast allen Standorten Arbeitskonzepte in aufeinander aufbauende Arbeitsschritte übersetzt worden. Eine Einbindung der Arbeitsstäbe in die Verwaltung und/oder Abstimmungsgremien war eine Voraussetzung dafür, dass die Arbeitsplanungen laufend einem Realitätstest unterzogen werden konnten. Auch im weiteren Verlauf des Programms werden die Vorhaben die Balance halten müssen, zwischen dem Festhalten an anspruchsvollen Zielen und deren Umsetzung und der Fähigkeit, Ziele und Strategien sich verändernden Rahmenbedingungen anzupassen.

Kooperation mit der Landesebene

Für eine Verbindung der Aktivitäten des regionalen Übergangsmanagements und der Landespolitik gab es zum Beginn der *Förderinitiative* unterschiedliche Ausgangspunkte (zur Veränderung der Rolle der Regionen in der Bildungspolitik vgl. Wernstedt/John-Ohnesorg 2010):

- Die Konzeptionen der Vorhaben in den Stadtstaaten Berlin und Hamburg zielten explizit auf eine bessere Koordination zwischen regionaler (Bezirke und Stadtteile) und Landesebene.
- Auch die Vorhaben in Schleswig-Holstein und Hessen hatten bereits in ihren Anträgen explizit Bezüge zu Landesprogrammen hergestellt, die auf eine verbesserte Kooperation in den Regionen bei der Vorbereitung Jugendlicher auf den Übergang von der Schule in Ausbildung ausgerichtet sind.
- Die Antragsteller aus Nordrhein-Westfalen konnten auf Vorarbeiten im Rahmen eines Landesprogramms *Regionales Übergangsmanagement* zurückgreifen, das allerdings zum Zeitpunkt der Ausschreibung zur *Förderinitiative* beendet worden war.
- In Baden-Württemberg gab es zum Zeitpunkt der Ausschreibung das *Impulsprogramm Bildungsregionen*, das unter dem Leitmotiv „In Verantwortlichkeiten statt in Zuständigkeiten denken und handeln" darauf zielt, Unterstützungspotenziale effizient zu bündeln und effektiv zu koordinieren.

Impulsprogramm Bildungsregionen

In Baden-Württemberg wurden in einer Pilotphase Bildungsregionen in ausgewählten Kommunen und Landkreisen erprobt. Die Landesregierung Baden-Württemberg hat nach einem dreijährigen Entwicklungsprozess alle Stadt- und Landkreise eingeladen, diesen Beispielen zu folgen und ihrerseits Bildungsregionen aufzubauen. Sie weist dafür in den Jahren 2009 bis 2012 im Rahmen des Budgets der Qualitätsoffensive Bildung finanzielle und personelle Ressourcen aus, die auf Antrag der Stadt- und Landkreise als Zuschüsse für den Aufbau und die Einrichtung von Bildungsregionen bereitgestellt werden. Zur Unterstützung der Stadt- und Landkreise, die am Auf- oder Ausbau einer Bildungsregion interessiert sind und dazu Regionale Bildungsbüros etablieren wollen, wurde am Landesinstitut für Schulentwicklung eine Beratungsstelle eingerichtet (Hoecker 2010: 47–51).

Im zeitlichen Verlauf der *Förderinitiative* haben sich die Beziehungen der Standorte zur Landesebene weiter entwickelt. Dazu einige Beispiele:

- In Schleswig-Holstein hat der Standort Kiel den Status eines Pilotvorhabens für die Einrichtung eines regionalen Übergangsmanagements in weiteren Kommunen und Landkreisen erhalten.
- In Hessen arbeiten alle Standorte an der regionalen Ausgestaltung des Landesprogramms *OloV (Optimierung lokaler Vermittlungsarbeit bei der Schaffung und Besetzung von Ausbildungsplätzen in Hessen)* mit. Um Doppelstrukturen zu vermeiden, wurde z.B. am Standort Marburg ein Mitglied des Arbeitsstabes für das regionale Übergangsmanagement gleichzeitig als regionaler *OloV-Koordinator* etabliert. Ein Abstimmungsgremium auf Landkreisebene stellt zusätzlich die *OloV-Steuerrunde* dar und dient den Abstimmungsgesprächen für das Übergangsmanagement.
- In Sachsen hat das Bildungsministerium des Landes mit den drei Standorten der *Förderinitiative* im Freistaat Sachsen Kooperationsvereinbarungen zur Implementation der auf Landesebene vorgegebenen Qualitätsstandards zur Berufsorientierung abgeschlossen.
- In Hamburg wurde im Juni 2009 ein *Rahmenkonzept für die Reform des Übergangssystems Schule – Beruf* veröffentlicht. In dessen Rahmen wird sich das Hamburger Vorhaben auf die Unterstützung und Begleitung einer Pilotphase zum Aufbau eines neutralen Beratungs- und Vermittlungssystems im Bezirk Mitte konzentrieren.

In Nordrhein-Westfalen empfahl der Landesausschuss für berufliche Bildung in einem Beschluss: „*In jedem der 54 Kreise und kreisfreien Städte wird der Übergang von der Schule in den Beruf von* einer *Stelle koordiniert. Diese Stelle soll in kommunaler Trägerschaft liegen. In ihr wird die Verantwortung der verschiedenen Akteure gebündelt und gemeinsam wahrgenommen. Hier soll eine Koordinierungsleistung erbracht werden, um eine auf die einzelnen Jugendlichen bezogene passgenaue Vermittlung und Begleitung in Ausbildung und Beschäftigung zu sichern und ein auf dem individuellen Qualifizierungsstand basierendes zielgerichtetes Bildungsangebot zu machen. Es ist vor Ort unter Einbeziehung vorhandener Strukturen (...) so zu organisieren, dass Doppelstrukturen vermieden werden. Für die Umsetzung wird die Ausarbeitung einer Rahmenkonzeption auf Landesebene zu Verfahren und Einrichtung der koordinierenden Stellen sowie für deren Aufgaben und Kompetenzbeschreibung empfohlen.*" *Darüber hinaus ist das im Jahr 2010 begonnene Landesprogramm STARTKLAR auf eine flächendeckende, langfristig konzipierte Vorbereitung auf den Übergang am Ende der Sekundarstufe I angelegt.*

In den ersten zwei Jahren der *Förderinitiative* ist die Kooperation zwischen deren Standorten und der Landesebene deutlich verbessert worden. Insbesondere dort, wo Landesprogramme eine stärkere Rolle von Kommunen und Landkreisen bei der Abstimmung von Programmen, Projekten und Angeboten vorsehen, sind die Verfahren der Koordination zwischen Land und Region im Rahmen konkreter Vorhaben (insbesondere bei der Berufsorientierung) verfeinert worden. Die Kooperation zwischen Ländern und regionalem Übergangsmanagement wurde einerseits durch die wachsende Zahl von Landesprogrammen befördert, die auf eine Verbesserung der regionalen Koordination zielen. Andererseits stießen solche Landesprogramme auch auf Skepsis auf der kommunalen Ebene. Befürchtet wurde eine Übertragung neuer Aufgaben, ohne dass für deren Erfüllung Mittel bereitgestellt werden.

Dass bei der Kooperation zwischen regionalem Übergangsmanagement und der Landesebene weiterer Verbesserungsbedarf besteht, zeigte sich bei der Einführung der *Berufseinstiegsbegleitung*. An fast allen Standorten der *Förderinitiative* wurden die teilnehmenden Schulen ohne eine Beteiligung des regionalen Übergangsmanagement zwischen den Bildungsministerien der Länder und den *Regionaldirektionen* der *Bundesagentur für Arbeit* ausgewählt.

Ein Überblick über Programme und Projekte zur Verbesserung der Berufsorientierung hat gezeigt, dass in fast allen Ländern nicht nur die Bildungsministerien sondern auch andere Landesressorts Initiativen zur Verbesserung der Übergänge Schule – Berufsausbildung ergreifen (Lippegaus-Grünau/Mahl/Stolz 2010). Insofern stellte eine bessere Abstimmung zwischen den mit dieser Thematik befassten Landesressorts eine wichtige Voraussetzung für das Gelingen der Kooperation zwischen Land und Region beim regionalen Übergangsmanagement dar.

Eine große Zahl von Standorten der *Förderinitiative* hat die Schulen der Sekundarstufe I als einen zentralen Ansatzpunkt für eine bessere Gestaltung des Übergangssystems identifiziert. Die Absicht ist, Schulen bei der Verknüpfung eigener Bildungsangebote mit Angeboten von Dritten und an anderen Lernorten mit dem Ziel einer kohärenten Vorbereitung der Jugendlichen auf Abschlüsse und Anschlüsse systematisch zu unterstützen. Angesichts der in fast allen Ländern in die Wege geleiteten Veränderungen der Schulstrukturen in der Sekundarstufe I müssen diese Initiativen des regionalen Übergangsmanagements eng mit der Landespolitik abgestimmt werden.

Ähnliches gilt für die beruflichen Schulen, insbesondere deren Lernangebote mit berufsausbildungsvorbereitendem Charakter, deren Bedeutung für das Gelingen von Übergängen zunehmend in den Fokus von Interventionen des regionalen Übergangsmanagements geraten ist. Angesichts unterschiedlicher Initiativen der Länder, diesen Bereich neu zu gestalten (zum Beispiel im *Hamburger Ausbildungsmodell* oder in einer gemeinsamen Initiative *Übergänge mit System* der Länder Baden-Württemberg, Berlin, Hamburg, Nordrhein-Westfalen mit der *Bertelsmann Stiftung*) ist regionales Übergangsmanagement hier auf eine enge Kooperation mit der Landesebene angewiesen, aber auch letztere ist gut beraten, das Wissen und die Expertise des regionalen Übergangsmanagements zu nutzen.

Ein kommunales Engagement für regionales Übergangsmanagement ist angesichts fehlender Zuständigkeit nicht selbstverständlich.

Anknüpfungspunkte für eine (verbesserte) Kooperation zwischen den Ländern und dem Übergangsmanagement in den Regionen ergeben sich aus der Tatsache, dass die Landesebene wahrnimmt, dass die Umsetzung der von ihr initiierten Programme einer Koordination und Unterstützung in den Regionen bedarf (was in den oben beschriebenen Landesprogrammen zum regionalen Übergangsmanagement zum Ausdruck kommt). In Ländern, in denen solche Landesinitiativen bisher nicht bestehen, konnten entsprechende Anstöße aber auch von den Regionen ausgehen, beispielsweise indem der Landesebene durch das regionale Übergangsmanagement „zurückgespiegelt" wurde, welche Hindernisse in der Region für die Umsetzung von Landesprogrammen und Richtlinien bestehen und wie diese wirksam überwunden werden können.

Einbindung von Verwaltungsspitze und kommunaler Politik

Da es keine klare Zuständigkeit von Kommunen oder Landkreisen für die Gestaltung der Übergänge von der Schule in Ausbildung gibt, ist ein kommunales Engagement für dieses Thema nicht selbstverständlich. Es speist sich aus der Verantwortung des Gemeinwesens für das Gelingen der sozialen Integration Jugendlicher, für die das Gelingen der beruflichen Integration eine Voraussetzung ist, und daraus, dass die Folgen eines Misslingens der sozialen und beruflichen Integration zu Problemen der Städte und Landkreise werden (Kruse u. a. 2010).

Ein entsprechendes kommunales Grundengagement wurde im Antragsverfahren zur *Förderinitiative* vorausgesetzt und von Seiten der Antragsteller dadurch dokumentiert, dass als verantwortlich für die Anträge die Leiter/innen von Dezernaten oder Ämtern zeichneten, in vielen Fällen auch die Spitzen der kommunalen Verwaltung (Oberbürgermeister/innen, Landrätinnen/Landräte).

Im weiteren Verlauf der *Förderinitiative* zeigte sich allerdings, dass nicht immer die Unterschrift unter dem Förderantrag gleichzusetzen war mit einem entsprechenden Engagement der/des Unterzeichnenden für den Inhalt des Antrages. In diesen Fällen war es eine zentrale Aufgabe der Arbeitsstäbe, kontinuierlich bei der Verwaltungsspitze für das Konzept des regionalen Übergangsmanagements zu werben. Die Bedeutung eines entsprechenden Rückhalts zeigte sich umgekehrt an den Standorten, an denen die Initiative für das regionale Übergangsmanagement von der Verwaltungsspitze ausging.

Für Kreistage und Gemeinderäte sind die Probleme Jugendlicher beim Übergang Schule – Berufsausbildung ein eher nachrangiges Thema, insbesondere als eine unmittelbare Zuständigkeit der kommunalen Ebene bestenfalls für Teilbereiche (Jugendhilfe) gegeben ist und

die Handlungsmöglichkeiten erkennbar eingeschränkt sind. Auch ist regionales Übergangsmanagement kein Feld, in dem schnelle Erfolge erzielt werden.

Insofern waren die Arbeitsstäbe des regionalen Übergangsmanagements darauf angewiesen, in der kommunalen Politik kontinuierlich um ein die Fraktionen übergreifendes Engagement für dieses Thema zu werben. Ein zentrales Mittel dafür waren Analysen zum Übergangsgeschehen und Bestandsaufnahmen zu bestehenden Strukturen und Angeboten, mit denen Handlungsbedarf sichtbar gemacht und Handlungsmöglichkeiten aufgezeigt werden sollten.

Der bisherige Verlauf der *Förderinitiative* hat die ihr zugrunde liegende Annahme bestätigt, dass eine wirksame Abstimmung von Strukturen, Programmen, Projekten und Angeboten und zwischen den für deren Gestaltung Verantwortlichen nur gelingen kann, wenn dieses Anliegen von der Spitze der Verwaltung getragen und möglichst auch von den kommunalen Mandatsträgern unterstützt wird. Hilfreich ist, wenn der Aufruf zur Kooperation von der/den Personen in der Verwaltung und den parlamentarischen Gremien ausgeht, deren Bitte sich die für eine wirksame Abstimmung benötigten Kooperationspartner nicht verweigern können.

Weiterhin wurde deutlich, dass beim Werben um Rückhalt durch Verwaltungsspitze/n und Mandatsträger die Bereitstellung von belastbaren Informationen zu den Problemen und zu Lösungswegen eine unabdingbare Voraussetzung ist. Um den Risiken einer Ermüdung der Aufmerksamkeit zu entgehen, haben sich die Verfahren einer periodischen Berichterstattung bewährt, in denen Zuspitzungen von Problemlagen aber auch Fortschritte in der Problembearbeitung sichtbar gemacht werden.

Insbesondere an kleineren Standorten der *Förderinitiative* ist es gelungen, das Potenzial bürgerschaftlichen Engagements für das Anliegen des regionalen Übergangsmanagements zu nutzen. Wenn angesehene Bürger/innen und im Gemeinwesen fest verankerte Vereine sich für dieses Anliegen stark machten, war auch ein parteiübergreifender Konsens in den parlamentarischen Gremien leichter herstellbar.

Vor dem Hintergrund der schwierigen Finanzlage von Städten und Landkreisen dürfte die Frage, ob die Kommune sich für Übergangsmanagement engagieren soll, an vielen Standorten auf den Prüfstand kommen. Das Ergebnis der Prüfung kann in der aktuellen Lage leicht negativ ausfallen, wenn es nicht gelingt, die Parlamente für dieses Thema zu gewinnen. Dies bleibt eine Daueraufgabe für Verantwortliche in der Verwaltung und die ihnen für das regionale Übergangsmanagement zugeordneten Arbeitsstäbe.

GENDER MAINSTREAMING UND CULTURAL MAINSTREAMING

Jugendliche mit Migrationshintergrund sind in Haupt- und Förderschulen überrepräsentiert, von denen aus sich die Zugänge in Ausbildung als schwierig darstellen. Sie stellen einen überproportional hohen Anteil der Jugendlichen, die die allgemeinbildenden Schulen ohne Abschluss verlassen. Von Ausbildungslosigkeit betroffen sind sie deutlich häufiger als junge Leute deutscher Herkunft. An Standorten der *Förderinitiative* in Westdeutschland stellen sie 70 Prozent (und mehr) der Hauptschüler/innen. Regionales Übergangsmanagement steht an vielen Standorten vor der Herausforderung, Jugendlichen aus Zuwandererfamilien über Ausbildung gesellschaftliche Teilhabe zu ermöglichen.

Vom Programm aus intendiert war eine intensive Beteiligung von Migrantenorganisationen.

Das Problem fehlender Chancengleichheit stellt sich, wenn auch in anderer Form, auch bei den jungen Frauen. Trotz der aktuellen Debatte um das „Elend der Jungen" gibt es klare Belege, dass junge Frauen mit Hauptschulbildung den in den allgemeinbildenden Schulen erworbenen relativen Bildungsvorsprung gegenüber den jungen Männern beim Übergang in Ausbildung einbüßen. Ihre Zugänge in Ausbildung begrenzen sich auf ein deutlich engeres Spektrum von Ausbildungsberufen, unter denen zukunftsträchtige technische Berufe nicht vertreten sind. Auch hier gibt es also Handlungsbedarf.

Nach den Vorgaben des Programms *Perspektive Berufsabschluss* sind alle Vorhaben verpflichtet, zur Verbesserung der Ausbildungschancen von Jugendlichen mit Migrationshinter-

grund und der Herstellung von Chancengleichheit zwischen den Geschlechtern ihren Beitrag zu leisten. In welcher Weise wird dieser Beitrag in den im Aufbau befindlichen Strukturen und Prozessen des regionalen Übergangsmanagements sichtbar?

In den Arbeitsstäben ist die Zusammensetzung nach Geschlechtern ausgewogen. Dies gilt auch für die Besetzung von Leitungsfunktionen. Dagegen sind in den Arbeitsstäben (von Ausnahmen abgesehen) Fachkräfte mit Migrationshintergrund nur zu relativ geringen Anteilen vertreten. Dies gilt nicht nur für die ostdeutschen Standorte, an denen Menschen mit Migrationshintergrund nur einen geringen Anteil der Bevölkerung stellen, sondern auch an westdeutschen Standorten, wo durch die Zusammensetzung der Schülerschaft an Haupt- und Förderschulen Jugendliche aus Zuwandererfamilien faktisch die zentrale Zielgruppe des Übergangsmanagements sind.

Wie sind Migrantinnen und Migranten und die Geschlechter in den regionalen Koordinationsgremien des Übergangsmanagements vertreten? Da sich die Gremien in der Regel aus Personen mit Leitungsverantwortung zusammensetzen, spiegeln sich in der Gremienzusammensetzung die Aufstiegschancen für Frauen und Migrantinnen und Migranten in den dort vertretenen Institutionen wider. Das bedeutet: Frauen sind leicht unterrepräsentiert und Migrantinnen und

Migranten nur zu geringen Anteilen vertreten.

In welcher Weise sind Gleichstellungspolitik und Integrationspolitik in den Gremien verankert? Gleichstellungspolitik, die ja insbesondere auf der Ebene der Kommunen eine hohe Bedeutung hatte und in den 1990er Jahren ein Motor für die Verbesserung der Kooperation im Übergangssystem war (Braun 1996), ist in den Gremien nicht sichtbar vertreten. Anders die Integrationspolitik: Kommunale Integrationsbeauftragte haben an vielen Standorten in den Koordinationsgremien Sitz und Stimme. Dennoch stellt eine explizite Verknüpfung des Übergangsmanagement mit einer kommunalen Integrationspolitik in der *Förderinitiative* eher die Ausnahme dar.

Vom Programm aus intendiert war eine intensive Beteiligung von Migrantenorganisationen. Allerdings, die Zusammensetzung der Koordinationsgremien aus Personen mit Leitungsverantwortung aus Institutionen des Übergangssystems hat eine Beteiligung von Migrantenorganisationen an dieser Stelle ausgeschlossen. Seit Beginn 2010 werden an fünf Standorten der *Förderinitiative* alternative Verfahren einer besseren Beteiligung von Migrantenorganisationen am regionalen Übergangsmanagement erprobt. Die dabei gewonnenen Erfahrungen sollen in einem zweiten Schritt an den übrigen Standorten genutzt werden.

Begleitprojekt Migration / Zielsetzungen:

- Einbeziehung der Migrantenorganisationen in die regionalen Vorhaben
- Gewinnen von Migrantenorganisationen als aktive Teilnehmer und Netzwerkpartner
- Sensibilisieren von Menschen mit Migrationshintergrund für die bildungspolitischen Themen des Programmvorhabens
- Empowerment von Migrantinnen und Migranten und deren Organisationen in den regionalen Netzwerken durch eine Stärkung von deren Selbsthilfepotenzialen
- Gründung interkultureller regionaler Dachverbände von Migrantenorganisationen mit einer kommunalen Regelförderung

Leitlinien
Strukturen und Prozesse des regionalen Übergangsmanagements

Regionales Übergangsmanagement soll durch eine bessere Abstimmung von Strukturen, Programmen, Projekten und Angeboten zwischen den für deren Gestaltung Verantwortlichen das Übergangssystem so verbessern, dass Übergänge Jugendlicher von der Schule in Ausbildung gelingen und Ausbildungslosigkeit verhindert wird:

■ Zu entscheiden ist, für welche räumliche Einheit regionales Übergangsmanagement umgesetzt werden soll. Kreisfreie Städte und Landkreise verfügen über eine entwickelte Verwaltungsstruktur, die eine Voraussetzung für das Gelingen von Übergangsmanagement ist. Für andere räumliche Zuschnitte wie kreisabhängige Städte, Regionalverbände oder Stadtstaaten muss geprüft werden, wie stabile und dauerhafte Kooperationsbezüge zwischen den beteiligten Gebietskörperschaften (Städte, Landkreise, Bezirke) hergestellt werden können.

■ Damit ein abgestimmtes Handeln möglich wird, braucht es einen Ort, an dem eine solche Abstimmung stattfinden kann. Fast überall gibt es bereits Koordinations- bzw. Kooperationsgremien. Es muss geprüft werden, ob ein vorhandenes Gremium genutzt werden kann, oder ob ein Neuanfang bessere Chancen hat. Aus der Sicht wichtiger Akteure ist es nicht attraktiv, die Zahl der Gremien weiter zu vergrößern. Sie wollen *einen* Ort, an dem „wichtige Leute wichtige Verabredungen" treffen.

■ Das erfordert, dass Personen mit Leitungsverantwortung als Vertreter/innen der relevanten Akteure oder Institutionen im Koordinationsgremium mitarbeiten. Welche Akteure relevant sind, ist abhängig von den gewählten Arbeitsschwerpunkten.

■ Ein Merkmal der Zusammensetzung von Koordinationsgremien im Übergang Schule – Berufsausbildung ist, dass die beteiligten Personen und Institutionen in unterschiedliche Rechtskreise und Hierarchien eingebunden sind. Ihre Handlungsmöglichkeiten werden durch unterschiedliche und sich verändernde Vorgaben (Gesetze, Erlasse, Zielvorgaben) gerahmt. Ein Grundkonsens über Ziele, und Schwerpunkte der Gremienarbeit und über die Rollen der Beteiligten ist Voraussetzung dafür, dass diese unter den gegebenen Rahmenbedingungen ihre Handlungsspielräume ausschöpfen.

■ Eine besondere Rolle in der Gestaltung des Übergangssystems spielt die *Bundesagentur für Arbeit.* Die Gewinnung der Vertreter/innen der örtlichen Arbeitsagenturen ist entscheidend für die Verbesserung der Strukturen im Übergangssystem.

■ Koordinationsgremien benötigen Impulse, Zuarbeit und Arbeit an der Umsetzung der getroffenen Verabredungen. Dies ist die Aufgabe von Arbeitsstäben des regionalen Übergangsmanagements. Für die organisatorische Anbindung dieser Arbeitsstäbe gibt es nicht die *eine* richtige Lösung: Es kann das Büro der Oberbürgermeisterin oder des Oberbürgermeisters bzw. der Landrätin oder des Landrats sein, die Leitung des Jugendamtes, der Wirtschaftsförderung oder des Schulreferats. Wichtig ist: Der Ort der Anbindung darf einer ämterübergreifenden Zusammenarbeit nicht entgegenstehen. Und hinter dem Arbeitsstab muss ein administrativ/politisches „Schwergewicht" stehen.

■ Bei aller Vielfalt von Zuständigkeiten und involvierten Politikfeldern ist der Übergang Schule – Berufsausbildung ein Bildungsthema. Insofern ist eine Verbesserung der Übergänge auf eine gute Zusammenarbeit zwischen der regionalen und der Landesebene angewiesen. Hier kann regionales Übergangsmanagement daran anknüpfen, dass auf der Landesebene die Einsicht wächst, dass eine wirksame Umsetzung von Landesrichtlinien und -programmen einer regionalen Koordination und Unterstützung bedarf.

■ Die Verbesserung der Übergänge Schule – Berufsausbildung ist Ergebnis eines längeren Prozesses. Darum muss für regionales Übergangsmanagement ein breiter, überparteilicher Konsens hergestellt werden, der die Fortführung der Arbeit auch bei Wechsel von Mehrheiten sicherstellt.

3 Schaffung von Datengrundlagen zu den Übergangswegen von Jugendlichen

DIAGNOSE: ES GIBT GROSSE REGIONALE UNTERSCHIEDE IN DEN ÜBERGANGSVERLÄUFEN JUGENDLICHER.

Im Fokus des regionalen Übergangsmanagements stehen die für Haupt- und Förderschüler/innen (oder Schüler/innen in entsprechenden Zügen oder Zweigen in Sekundarschulen mit mehreren Bildungsgängen) erhöhten Risiken, dass der Übergang von der Schule in Ausbildung bzw. der Abschluss der Ausbildung misslingt.

Ein Ausgangspunkt für regionales Übergangsmanagement ist der auf der Basis von Längsschnittdaten (*BIBB, DJI*) gewonnene Befund, dass es bei den Übergängen dieser Schüler/innen von der Schule in Ausbildung eine große Vielfalt von individuellen Verlaufsmustern gibt. Dabei gelingt z.B. bei den Hautschulabsolventinnen und -absolventen nur jeder/m Vierten nach Ende des Pflichtschulbesuchs der direkte Einstieg in Ausbildung (Gaupp/Lex/Reißig/Braun 2008). Fünf Jahre nach Ende der Pflichtschulzeit ist ein Viertel der Hauptschüler/innen noch immer nicht in eine berufliche Ausbildung eingemündet. Dabei verliefen Wege in die Ausbildungslosigkeit nur in Ausnahmefällen als direkte Einstiege in ungelernte Arbeit. Die Jugendlichen verbrachten im Durchschnitt die Hälfte der Zeit in Lernangeboten und Maßnahmen. Das Problem bestand also nicht darin, dass den Jugendlichen keine Lernangebote gemacht wurden oder dass die Jugendlichen sich solchen Lernangeboten generell entzogen hätten. Das Problem war vielmehr, dass die Lernangebote – und die Abfolge von Schritten, in denen sie absolviert wurden – nicht den gewünschten Erfolg hatten: den Zugang zu einer regulären Berufsausbildung zu eröffnen (Gaupp/Lex/Reißig 2010: 29).

Diese Daten weisen auf die Notwendigkeit, durch eine Verbesserung der Übergangswege zwischen Schule und Ausbildung das Risiko der Ausbildungslosigkeit zu verringern. Allerdings lassen sich bundesweite Diagnosen zum Übergangsgeschehen nicht einfach auf die spezifischen Bedingungen einzelner Regionen herunter rechnen, und es lassen sich aus ihnen auch keine regionalspezifischen Handlungsstrategien ableiten.

Längsschnittstudien an zwei Standorten der *Förderinitiative* (Stuttgart und Leipzig), die bereits im Vorfeld des Programms begonnen wurden, belegen, dass sich Übergänge regional unterschiedlich gestalten: Stuttgarter und Leipziger Hauptschüler/innen haben im 9. Schuljahr sehr unterschiedliche Pläne und gehen anschließend auch sehr unterschiedliche Wege. In Stuttgart ist der weitere Schulbesuch (mit dem Ziel, einen Mittleren Bildungsabschluss zu erwerben) der quantitativ wichtigste Anschluss an die Pflichtschulzeit. In Leipzig ist es die Berufsausbildung. Vergleichbar hoch (fast ein Drittel) ist in beiden Städten der Anteil derjenigen, die nach der Schule an einem berufsvorbereitenden Angebot teilnehmen. Wider Erwarten sind aber die Barrieren zwischen Berufsvorbereitung und Ausbildung für Hauptschulabsolventinnen und -absolventen in Leipzig niedriger als in Stuttgart: Während in Leipzig nach der Berufsvorbereitung etwa zwei Drittel der Jugendlichen in Ausbildung einmünden, sind es in Stuttgart nur gut 20 Prozent (Gaupp u.a. 2010: 26–27).

Regionales Übergangsmanagement ist also auf regionale Problemdiagnosen angewiesen. Ein Grundhindernis für die Entwicklung differenzierter regionaler Problemlösungen ist jedoch das Fehlen geeigneter Ausgangsdaten für solche Diagnosen. Die verfügbaren Daten (aus der Schulstatistik, der Berufsberatungsstatistik, der Statistik der Kammern, der Arbeitslosenstatistik) können wegen unterschiedlicher Erhebungszeitpunkte und unterschiedlicher Erfassungsmerkmale nicht ohne weiteres verknüpft werden, um zu einem die Institutionen übergreifenden Bild

> **Will man die Wege abbilden, die Jugendliche von der Schule ins Arbeitsleben gehen, werden Verlaufsdaten benötigt, Daten, die es erlauben, Wege zu identifizieren, die sich als erfolgreich erweisen; Daten, die geeignet sind herauszufinden, welche Wege Sackgassen und Umwege darstellen.**

des Übergangsgeschehens zu gelangen. Und es sind in der Regel Querschnittsdaten, die erst durch Verknüpfungen in regionalen Herkunfts- und Verbleibsrechnungen Einblicke in das Übergangsgeschehen an wichtigen Schnittstellen zwischen Schule und Ausbildung eröffnen (Stender 2010).

Will man die Wege abbilden, die Jugendliche von der Schule ins Arbeitsleben gehen, werden Verlaufsdaten benötigt, Daten, die es erlauben, Wege zu identifizieren, die sich als erfolgreich erweisen; Daten, die geeignet sind herauszufinden, welche Wege Sackgassen und Umwege darstellen und mit dem Risiko verbunden sind, dass der Übergang in Ausbildung und Arbeit misslingt und die Jugendlichen im beruflichen und sozialen Abseits landen.

VERFAHREN UND INSTRUMENTE ZUR SCHAFFUNG VON DATENGRUNDLAGEN ZU DEN ÜBERGANGSWEGEN VON JUGENDLICHEN

Soweit nicht differenzierte Informationen zum Übergangsgeschehen bereits im Vorfeld der Teilnahme am Programm *Perspektive Berufsabschluss* vorlagen (dies war nur in Ausnahmefällen gegeben) haben die Standorte der *Förderinitiative* frühzeitig damit begonnen, Verfahren zur Schaffung einer Datenbasis zum Übergangsgeschehen zu entwickeln bzw. fortzuentwickeln. Die zur Schaffung von Datengrundlagen zu den Übergangswegen Jugendlicher in der *Förderinitiative Regionales Übergangsmanagement* schwerpunktmäßig eingesetzten Verfahren und Instrumente sind:

- Schülerbefragungen und Schulabsolventenlängsschnitte, in denen die Situation der Schüler/innen am Ende der Pflichtschulzeit und die Wege der Schulabsolventinnen und -absolventen von der Schule in Ausbildung im zeitlichen Verlauf erhoben werden;

- elektronische „Anmeldesysteme", die den Übergang von den allgemeinbildenden in die beruflichen Schulen abbilden;
- Dokumentationssysteme, in denen durch Fachkräfte begleitete Übergänge von Jugendlichen dokumentiert werden.

Schülerbefragungen und Schulabsolventenlängsschnitte

Diagnosen zum Übergangsgeschehen wurden in der Regel bei den Schülerinnen und Schülern begonnen, die sich am Ende der Sekundarstufe I für ihren weiteren Bildungs- und Ausbildungsweg neu orientieren müssen. Zu diesem Zeitpunkt konnten wichtige Basisinformationen mit überschaubarem Aufwand gewonnen werden, weil hier noch fast alle Jugendlichen beisammen waren, bevor sie sich später auf unterschiedliche Wege verteilten.

An insgesamt dreizehn Standorten (in Stuttgart und Leipzig wurden bereits vor dem Start der *Förderinitiative* Schulabsolventenlängsschnitte begonnen) wurden im Jahr 2009 Befragungen von Schülerinnen und Schülern durchgeführt. An drei Standorten (neben Stuttgart und Leipzig) erfolgte im Herbst 2009 eine erste Folgebefragung. An vielen Standorten lagen damit erstmals umfassende und differenzierte Informationen über die Anschlusspläne der Schulabsolventinnen und -absolventen vor.

Die Durchführung einer Schülerbefragung ist ein methodisch und konzeptionell anspruchsvolles Unterfangen. Darum wurde durch die wissenschaftliche Begleitung der Einsatz von erprobten Instrumenten vorgeschlagen, die an die Ausgangsbedingungen und Möglichkeiten der Standorte angepasst werden konnten.

Abb. 4:
Deckblatt des Erhebungsinstruments für Schülerbefragungen

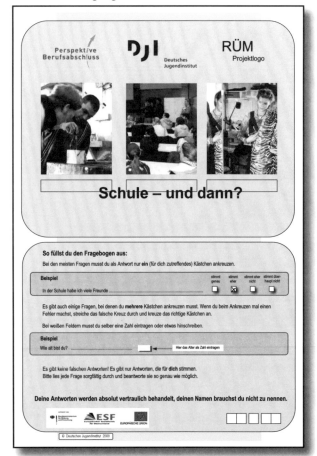

In der Regel gelang es, die Schulleitungen und Lehrkräfte für die Durchführung der Befragung zu gewinnen. Die angekündigte zeitnahe Rückspiegelung ausgewählter Befragungsergebnisse an die teilnehmenden Schulen erhöhte deren Teilnahmebereitschaft.

Probleme gab es dort, wo an Schulen in jüngster Vergangenheit andere Untersuchungen durchgeführt worden waren und die Schulen „untersuchungsmüde" waren. Hier war eine Terminabstimmung mit anderen Untersuchungsprogrammen (*Vergleichsarbeiten, PISA*) unabdingbar. Als hinderlich für eine Bereitschaft zur Teilnahme an Befragungen erwiesen sich strukturelle Veränderungen der regionalen Schullandschaft, die mit Unsicherheiten für die Schulen verbunden waren oder gar als die Existenz der Schule bedrohend wahrgenommen wurden.

Der Hohenlohekreis hat 2009 mit der Durchführung einer Längsschnittstudie begonnen, die die Übergangsverläufe von Jugendlichen nach dem Schulabschluss über mehrere Jahre hinweg verfolgt.
Im Frühjahr 2009 fand die erste Erhebung in den Abschlussklassen der Hohenloher Haupt-, Real- und Förderschulen sowie den Schulen für Erziehungshilfe statt, die Auskunft über die schulische Situation der Jugendlichen und ihre geplanten Strategien und Wege in die Berufsausbildung gab.
Eine erste telefonische Nachbefragung der Jugendlichen erfolgte im November 2009. Mit einem Abstand von jeweils einem Jahr sind zwei weitere Nachbefragungen geplant, die die Wege der Schulabsolventinnen und -absolventen durch das Bildungs-, Ausbildungs- und Erwerbssystem nachzeichnen.
Es hat sich gezeigt, dass die Jugendlichen bereitwillig über ihre Situation Auskunft geben. Die gewonnenen Daten geben nicht nur Aufschluss über die Pläne und Wege der Förder-, Haupt- und Realschüler im Übergang von der Schule in die Berufsausbildung, sondern auch wie sie selbst ihre Situation und die Berufsaussichten empfinden und einschätzen.
Die Ergebnisse werden im Landkreis kommuniziert und gemeinsam mit den Verantwortlichen diskutiert und bewertet.

Kompliziert war an mehreren Standorten die Durchführung der Befragung im relativ engen Zeitfenster zwischen dem Halbjahreszeugnis im letzten Pflichtschuljahr und vor Beginn von Prüfungen. Unterschiedlich aufwändig waren je nach Standort Genehmigungsverfahren und die aus ihnen resultierenden Vorgaben zur Durchführung der Befragung.

Dies galt insbesondere für das in der Regel erforderliche Einverständnis der Eltern zur Befragung ihrer Kinder. Hier lag die Schwierigkeit weniger darin, dass Eltern gegen eine solche Befragung Einwände hatten. Vielmehr war an Schulen der Rücklauf von Einverständniserklärungen dann schwierig, wenn es keine etablierten Verfahren der regelmäßigen schriftlichen Kommunikation zwischen Schule und Eltern gab (etwa durch Berichtshefte). Hinzu kamen angesichts großer Anteile von Herkunftsfamilien mit Migrationshintergrund auch Sprachprobleme.

Soweit die Schülerbefragungen als Vollerhebungen durchgeführt wurden, gaben sie einen umfassenden Überblick über die Vorbereitung der Jugendlichen auf den Übergang, die von ihnen verfolgten Pläne und – soweit die Befragungen längsschnittlich angelegt waren – die erreichten Anschlüsse. Die Untersuchungsergebnisse brachten darüber hinaus wichtige Einblicke auf Schulebene in die Unterschiede der Vorbereitung auf den Übergang und die weiteren Wege der Schüler/innen im Anschluss an den Schulbesuch.

Mehrere Standorte haben beim Einsatz von Schülerbefragungen weitere Entwicklungsschritte genommen: Einerseits wurden die Schulabgängerbefragungen dadurch rationalisiert, dass sie per Online-Instrument durchgeführt wurden.

In Offenbach wurde eine Befragung der Schüler/innen der Abgangsklassen aller sieben Schulen in Zusammenarbeit mit dem Stadtschulamt und dem staatlichen Schulamt online durchgeführt, wobei man von 1.000 befragten Schülerinnen und Schülern einen Rücklauf von 730 Fragebögen erhielt. Als Gegenleistung wurde den Schulen eine aggregierte Statistik der Befragungsdaten zurückgemeldet.

Die an einigen Standorten durchgeführten Längsschnittuntersuchungen sind ein relativ aufwändiges Verfahren, um für lokale Diagnosen eine Datenbasis zu schaffen. Mit der Kombination von Fragebogenerhebungen im Klassenverband für eine Basiserhebung mit Telefoninterviews in den Folgebefragungen wird eine sehr gute Datenqualität erreicht. Darüber hinaus ermöglicht das Verfahren eine flexible Anpassung an spezifische lokale Bedingungen. Lohnend ist dieser hohe Aufwand dann, wenn Längsschnittuntersuchungen eng mit dem regionalen Übergangsmanagement synchronisiert werden. In der Abfolge von Befragungswellen, die das Kennzeichen von Längsschnittuntersuchungen sind, können zeitnah nach jedem Untersuchungsschritt Ergebnisse in den Prozess des Übergangsmanagements eingespeist werden.

Der Stuttgarter Gemeinderat klinkt sich regelmäßig in den Prozess des regionalen Übergangsmanagements ein. Hierzu werden auch die Ergebnisse der Stuttgarter Schulabsolventen-Längsschnittstudie (2007–2009) genutzt, deren Schlussfolgerungen neue Ansatzpunkte für die Ausgestaltung des Übergangsmanagements ergeben:
Jeweils fünf bis sieben Monate nach einer neuen Erhebungswelle der Untersuchung werden deren Ergebnisse in der Steuerungsgruppe u25, bestehend aus den Geschäftsführungen/Leitungen aus Agentur für Arbeit, HWK, IHK, JobCenter, Landeshauptstadt Stuttgart (Abteilung Integration, Arbeitsförderung, Jugendamt, Schulverwaltungsamt) und Staatlichem Schulamt, präsentiert und diskutiert. Die Steuerungsgruppe u25 erarbeitet auf der Grundlage der Untersuchungsergebnisse Empfehlungen, die im Gemeinderat diskutiert und beschlossen werden. Der Gemeinderat beauftragt die kommunalen Ämter mit der Umsetzung der Beschlüsse im Rahmen der eigenen Zuständigkeit bzw. durch die Verabredung geeigneter Schritte in der Steuerungsrunde. Beispiele sind: die Initiative VerA zur Verhinderung von Ausbildungsabbrüchen durch Ausbildungsbegleiter sowie die Entwicklung/Erprobung neuer Handlungskonzepte, die a) Eltern systematisch in die Berufsorientierung ihrer Kinder einbinden, b) das Berufswahlspektrum von jungen Frauen mit Hauptschulbildung erweitern, c) spät zugezogene Jugendliche bei ihrem Übergang von der Schule in die Berufswelt unterstützen.

Die *Förderinitiative* hat die Einsicht geschärft, dass Strategien zur Verbesserung von Übergängen belastbare Informationen zum Übergangsgeschehen benötigen. Die Vorhaben haben sich das dafür notwendige methodische Basiswissen angeeignet. Sie haben begonnen, Kooperationsbeziehungen zu regionalen Wissenschaftseinrichtungen aufzubauen, um mit den Ressourcen der Region Datengrundlagen für ein regionales Übergangsmanagement schaffen zu können.

Elektronische Anmeldesysteme
Elektronische Anmeldesysteme werden in der *Förderinitiative* insbesondere in den Bundesländern eingesetzt, in denen die Schulpflichtgesetze die Verantwortung für die Einhaltung der Berufsschulpflicht nach dem Besuch der allgemeinbildenden Schule den abgebenden Schulen zuweisen. Indem mit einem zentralen Anmeldesystem den Schulen eine Unterstützung bei der Erfüllung dieser Aufgabe angeboten wird, ist eine wichtige Grund-

lage für einen flächendeckenden Einsatz gelegt. Erfahrungen mit dem Einsatz von elektronischen Anmeldesystemen lagen bereits aus der Zeit vor dem Start der *Förderinitiative* vor, an die die *Förderinitiative* angeknüpft hat (Dankwart/Gollers 2010).

Mit der Einführung von Anmeldesystemen wurden zwei Ziele verfolgt: Einerseits sollte sichergestellt werden, dass für alle Schulabsolventinnen und -absolventen eine Anmeldung bei einer beruflichen Schule erfolgte, die Einhaltung der Berufsschulpflicht also gewährleistet wurde. Andererseits sollten Daten fürs Übergangsmanagement generiert werden, etwa für die quantitative und qualitative Weiterentwicklung von Bildungsangeboten in der Sekundarstufe II (Dankwart/Gollers 2010: 32). Eine dritte (mögliche) Funktion solcher Anmeldesysteme ist, dass Jugendliche identifiziert werden können, bei denen ein besonderer Beratungs- und Unterstützungsbedarf im Übergang zwischen allgemeinbildender und beruflicher Schule sichtbar wird, sodass eine solche Unterstützung gezielt angeboten werden kann.

Die Besonderheit von Anmeldesystemen liegt darin, dass in diesen neben den Anmeldungen der Jugendlichen auch die Zusagen oder Absagen der beruflichen Schulen für die von den Jugendlichen angestrebten Bildungsgänge dokumentiert werden. Insofern geht eine IT-gestützte Begleitung des Übergangsverlaufs einher mit der Generierung von Daten über Übergangsverläufe auf Seiten der Jugendlichen und zur Angebots-/Nachfragesituation für die von den beruflichen Schulen angebotenen Bildungsgänge. Die Erfahrungen an den Standorten der *Förderinitiative* zeigen, dass der erfolgreiche Einsatz von Anmeldesystemen an eine Reihe von anspruchsvollen Voraussetzungen gebunden ist.

Eine erste zentrale Voraussetzung ist die Klärung und Einhaltung der datenschutzrechtlichen Anforderungen:
• Darum erfolgt in der Regel die Teilnahme von Jugendlichen an diesen Verfahren auf freiwilliger Basis (wobei generell die Motivation zur Teilnahme groß war).
• Wichtig ist eine klare Regelung und Beschränkung von Zugriffsberechtigungen auf die für den Anmeldungsvorgang benötigten, nicht anonymisierbaren Individualdaten.
• Notwendig ist weiterhin die Sicherung der Anonymität der Jugendlichen (etwa im Hinblick auf zugrunde liegende Fallzahlen und Erfassungsmerkmale) bei statistischen Abfragen zur Bereitstellung von Planungsdaten.

Eine zweite wichtige Voraussetzung ist die Herstellung der Bereitschaft zur Mitarbeit auf Seiten der zu beteiligenden Schulen. An den Standorten der *Förderinitiative* wurden die Schulen teils zur Mitarbeit verpflichtet, teils erfolgte die Mitarbeit auf freiwilliger Basis. Selbst bei einer verpflichtenden Mitarbeit müssen Schulen zur

Beteiligung motiviert werden, um die Vollständigkeit und gute Qualität der in das Anmeldesystem eingetragenen Informationen zu erreichen.

Eine dritte Herausforderung lag darin, zur Vollständigkeit der Informationen zu den Übergängen der Absolventinnen und Absolventen der allgemeinbildenden Schulen über die aufnehmenden beruflichen Schulen einer Gebietskörperschaft hinaus Informationen zu weiteren möglichen Anschlussstationen zu gewinnen:

• Hier war einmal zu berücksichtigen, dass auch Übergänge in berufliche Schulen erfolgen, die außerhalb der Kreisgrenzen liegen und am Anmeldesystem nicht beteiligt sind. Hier sind flächendeckende Lösungen (im Kreis Herford z.B. der Einsatz von *SchülerOnline* im gesamten Regierungsbezirk) eine gute aber in der Umsetzung anspruchsvolle Lösung.

• Weiter war zu berücksichtigen, dass in einzelnen Bundesländern trotz Berufsschulpflicht unmittelbar nach Besuch der Hauptschule eine Teilnahme an nichtschulischen berufsausbildungsvorbereitenden Bildungsgängen (z.B. *BvB-Maßnahmen* der *Bundesagentur für Arbeit*) möglich ist. Anbieter von solchen Bildungsgängen in Anmeldesysteme einzubeziehen, erwies sich (auch wegen datenschutzrechtlicher Bedenken bzw. Hindernisse) als schwierig.

Eine vierte wichtige Voraussetzung für den erfolgreichen Einsatz von Anmeldesystemen war schließlich das Vorhandensein von für die Entwicklung, Programmierung und Pflege solcher Systeme notwendigen IT-Kompetenzen. Typischerweise ist die Einrichtung von Anmelde- oder vergleichbaren Systemen eher dort gelungen, wo größere kreisfreie Städte über entsprechende eigene IT-Serviceinrichtungen verfügten.

Die Grenzen und Entwicklungsperspektiven von Anmeldesystemen ergeben sich weniger aus den technischen Restriktionen und Möglichkeiten, sondern primär aus (datenschutz-) rechtlichen Vorgaben. Der im Einsatz von Anmeldesystemen erfahrene Kreis Herford weist auch auf die Chancen von datenschutzrechtlichen Beschränkungen hin: Begrenzungen beim Austausch von Daten erfordern eine enge Kooperation zwischen den beteiligten Institutionen und einen intensiveren Austausch zwischen den zuständigen Personen (Dankwart/Gollers 2010: 37).

Bei IT-gestützten Anmeldesystemen besteht – angesichts der technischen Möglichkeiten solcher Systeme – das Risiko einer Implementation überkomplexer Lösungen: „So betrifft das Verfahren allein im Kreis Herford ca. 2.500 bis 3.000 Schüler/innen, 43 Schulen mit Klassenleitungen, Bildungsgangleitungen, Berufswahlkoordinatorinnen und -koordinatoren und Sekretariaten sowie weitere Partner wie die *Agentur für Arbeit* und *die ARGE*. Dies erfordert eine Reduktion auf das Wesentliche und ausreichend Zeit für die Einführung und Stabilisierung" (ebd.).

Insgesamt eröffnen die in der *Förderinitiative* verfolgten Ansätze IT-gestützter Anmeldesysteme vielfältige Perspektiven einer Unterfütterung des regionalen Übergangsmanagement durch prozessgenerierte Daten. Wichtig sind realistische Planungen, auch was die Zeitdimension oder den Aufwand bei der Einführung solcher Systeme betrifft, selbst bestimmte Beschränkungen, um Komplexität zu begrenzen, und eine systematische Berücksichtigung der generell sehr anspruchsvollen Voraussetzungen, wenn solche Systeme erfolgreich eingesetzt werden sollen.

Der Ablauf des Anmeldeprozesses im Kreis Herford stellt sich wie folgt dar:

• „Registrierung der Schüler/innen durch die abgebenden Schulen (bis zu Beginn der Weihnachtsferien);

• Verteilung der Zugangsdaten an die Schüler/innen über die Klassenleitungen bzw. die Berufswahlkoordinatorinnen/-koordinatoren (bis zum Beginn des Anmeldezeitraums);

• Mit Unterstützung der abgebenden Schulen Anmeldung der Schüler/innen am Berufskolleg im bezirksweit einheitlichen dreiwöchigen Anmeldezeitraum (jeweils Beginn am 1. Samstag nach der Ausgabe der Halbjahreszeugnisse);

• Bearbeitung der eingegangenen Anmeldungen durch die Berufskollegs, Versand der Zu- bzw. Absagen an die Schüler/innen und laufende Pflege der Daten im System (bis zu den Osterferien);

• Prüfung der Angaben der Schüler/innen zum weiteren Verbleib und Pflege der Daten im System durch die abgebenden Schulen (bis zum 31.5. bzw. bis nach den Zeugniskonferenzen);

• Durch Freigabe im System Übermittlung der Daten von noch unversorgten, berufsschulpflichtigen Jugendlichen an die für die Versorgung der Schüler/innen zuständigen Berufskollegs (bis zu den Sommerferien);

• Aufforderung der noch unversorgten Schüler/innen zur Anmeldung inkl. der Information über alternative Angebote bzw. noch freie Kapazitäten durch die versorgenden Berufskollegs und Nachhaltung des Verbleibs (zu Beginn bzw. während der Sommerferien);

• Meldung der Daten der Schüler/innen, die der Anmeldung nicht nachgekommen sind bzw. deren Verbleib nicht geklärt werden konnte, an die Bezirksregierung Detmold zur Einleitung der weiteren erforderlichen Schritte (bis zum Schuljahresbeginn)" (Dankwart/Gollers 2010: 34).

Eine Gemeinsamkeit der großen Bundesprogramme aber auch von Programmen nach Muster des Hamburger Hauptschulmodells besteht darin, dass die Betreuung und Begleitung der Jugendlichen in Form eines Fallmanagements angelegt ist und dass als Arbeitsmittel IT-gestützte Dokumentationssysteme eingesetzt werden.

„Die Datenbank (…) ist für uns ein Arbeitsinstrument, mit dem wir unsere Betreuung steuern. (…) Mit Hilfe der Datenbank kann man auch die Kontaktdaten der Schulen, der Agenturen und der Firmen speichern ebenso wie alle Termine, die Coachings, Infoveranstaltungen, Trainings und auch die Termine der Mitarbeiter/innen. Darüber hinaus sammeln wir Informationen über den Verbleib der Schüler/innen im Verlauf eines Jahres. Sechs Monate nach Abschluss des vergangenen Projekts müssen wir eine weitere Verbleibsuntersuchung durchführen. Dabei werden die Schüler/innen gefragt: „Hast du die Probezeit bestanden?", „Wo bist du jetzt?", „Was machst du?" usw. Die unmittelbaren Nutzer/innen der Datenbank sind nur die Coaches. Auf die Datenbank kann von extern nicht zugegriffen werden.

(…) Sie wird allerdings genutzt, um Informationen für die Weitergabe an die Geldgeber und die Agenturen zusammenzustellen (…): Wie viele Schüler/innen haben wir insgesamt vermittelt? In welche Berufe, in welchen Branchen? Aus welchen Bezirken kamen die Vermittelten? Wie hoch war der Anteil der Migranten/innen? In welchen Monaten erfolgten welche Vermittlungen usw.?

Statistische Abfragen erfolgen über die so genannte Matchbox, in der man gezielt suchen kann: z.B. Schüler/innen, die von einem bestimmten Coach betreut werden, einen Migrationshintergrund haben und Baugeräteführer werden möchten. Man kann sich alle Jugendlichen, die auf ein entsprechendes Anforderungsprofil passen, anzeigen lassen und diese dann auffordern, sich beim konkreten Anbieter vorzustellen" (Wasmuth 2010: 44).

Dokumentationssysteme für Lotsenangebote

Anmeldesysteme haben zum Ziel, die Übergänge von den allgemeinbildenden in die beruflichen Schulen möglichst für alle (berufsschulpflichtigen) Schulabsolventinnen und -absolventen der Sekundarstufe I abzubilden. Dokumentationssysteme für Lotsenangebote sind demgegenüber darauf ausgerichtet, Informationen über die Übergangsverläufe der Adressatinnen und Adressaten eines spezifischen Lotsenangebotes zu erfassen, und zwar in den Regel für den Zeitraum der Begleitung (die bei einzelnen Programmen bis zu vier Jahre betragen kann) und eine Nachsorgezeit.

Lotsenangebote gibt es an den Standorten der *Förderinitiative* in unterschiedlichsten Programmkontexten, auf der Basis einer Vielfalt von Konzepten und in einem breiten Spektrum von Umsetzungsvarianten: die *Berufseinstiegsbegleitung (Bundesagentur für Arbeit)*, die *Kompetenzagenturen, Schulverweigerung – Die zweite Chance* und *Jugendmigrationsdienste (BMFSFJ)*, das Fallmanagement der Träger der Grundsicherung für Jugendliche im Rechtskreis des SGB II, an das Vorbild *Hamburger Hauptschulmodell* angelehnte kommunale Lotsenprogramme (häufig in Kooperation mit der *Bundesagentur für Arbeit*), *Übergangscoaches*, Mentoren- und Patenschaftsmodelle.

Eine Gemeinsamkeit der großen Bundesprogramme aber auch von Programmen nach dem Muster des *Hamburger Hauptschulmodells* besteht darin, dass die Betreuung und Begleitung der Jugendlichen in Form eines Fallmanagements angelegt ist und dass als Arbeitsmittel IT-gestützte Dokumentationssysteme eingesetzt werden. In diesen Dokumentationssystemen werden in der Regel Individualdaten erfasst: Daten zur Sozio-Demografie der Teilnehmenden, Eingangsvoraussetzungen (Schulabschlüsse, Informationen aus absolvierter Kompetenzfeststellung), Informationen über den Prozess der Betreuung und Begleitung (z.B. der Förder- oder Hilfeplan und seine Umsetzung) und Informationen zum Verbleib der Teilnehmenden nach Ende der Betreuung.

Hinsichtlich der Zielgruppen für die einzelnen Angebote ist an den Standorten der *Förderinitiative* eine Arbeitsteilung zwischen den Programmen bzw. ihren Anbietern entstanden. In einem arbeitsteiligen System von Lotsenangeboten lassen sich Daten zur Situation unterschiedlicher Gruppen bildungsbenachteiligter Jugendlicher – quasi zu einem Mosaik – zusammenfügen, das als Datengrundlage für regionales Übergangsmanagement dienen kann.

Diese im Grundsatz gegebene Möglichkeit, in Dokumentationssystemen generierte Prozessdaten für regionales Übergangsmanagement zu nutzen, wird in der Praxis durch eine Reihe von Hindernissen eingeschränkt:

- Ein erstes Hindernis besteht darin, dass für unterschiedliche Programme und Projekte unterschiedliche Dokumentationssysteme genutzt werden, die in der Regel nicht miteinander kompatibel sind. Ein unaufwändiger Transfer von Daten zwischen diesen Systemen ist nicht möglich.
- Ein zweites Hindernis sind unterschiedliche Definitionen für die in den Dokumentationssystemen erfassten Indikatoren. Dies beginnt bei der Erfassung des Schulabschlusses und des Migrationshintergrundes, setzt sich fort bei der Beschreibung von Kompetenzen und Belastungen und betrifft nicht zuletzt auch Merkmale der Betreuung. Insofern können auch per Hand und mit großem Aufwand Daten nicht ohne weiteres zusammengeführt werden.
- Ein drittes Hindernis liegt in restriktiven Regeln hinsichtlich der Weitergabe von Daten (insbesondere aus Gründen des Datenschutzes), die eine Zusammenführung von Informationen aus unterschiedlichen Programmen bzw. Systemen erschwert.
- Ein viertes Hindernis ist, dass in einzelnen Dokumentationssystemen Pflicht- und optionale Informationsfelder unterschieden werden, so dass der Umfang der erfassten Informationen von Entscheidungen der Anwender/innen abhängt. Dies gilt vielfach auch für die Tiefe der Information für Pflichtfelder.

Angesichts des Umfangs, in dem in Dokumentationssystemen Informationen über Zielgruppen von Jugendlichen gespeichert werden, für die Daten sonst nicht zur Verfügung stehen (bzw. für die Daten nur mit sehr großem Aufwand erhoben werden können), bleibt es an Standorten der *Förderinitiative* eine wichtige Aufgabe zu klären, wie solche Daten für das Übergangsmanagement nutzbar gemacht werden können.

Am Standort Nürnberg werden für die in das Einzelfallmanagement der kommunalen Koordinierungsstelle SCHLAU (Schule – Lernerfolg – Ausbildung) einbezogenen Jugendlichen Daten zu sozio-demografischen Merkmalen, Informationen zu absolvierten Praktika, Unterstützungsmaßnahmen (z.B. Nachhilfe) und zu Entwicklungsfortschritten in einem Datensystem erfasst. Das Fallmanagement erfolgt über einen Zeitraum von mehr als achtzehn Monaten. Aufgrund dieser zeitlichen Ausdehnung geben die Daten differenziert Auskunft über individuelle Prozesse der Berufsfindung, die schulisch und außerschulisch erworbenen Kompetenzen sowie die erreichten Anschlüsse von Nürnberger Hauptschülerinnen und -schülern.

Gender Mainstreaming und Cultural Mainstreaming

Ein Hindernis für präzise Diagnosen zu den Wegen von Jugendlichen mit Migrationshintergrund im Übergang Schule – Berufsausbildung bestand bis vor wenigen Jahren darin, dass eine nichtdeutsche Herkunft in der Bildungsstatistik (und bis 2005 auch im Mikrozensus) ausschließlich anhand des Indikators Staatsangehörigkeit erfasst wurde. Das hatte zur Folge, dass z. B. die zweitgrößte Migrantengruppe unter den Schülerinnen und Schülern – die Aussiedlerjugendlichen – in der Statistik unsichtbar war. Dasselbe galt für die wachsende Zahl von Jugendlichen aus „Gastarbeiterfamilien", die die deutsche Staatsangehörigkeit erworben hatten.

In Schülerbefragungen an Standorten der *Förderinitiative* wird in der Regel der Migrationshintergrund nach der Definition des Statistischen Bundesamtes (die/der Jugendliche selbst oder ein Elternteil ist nicht in Deutschland geboren) erhoben. Zusätzlich wird meist auch das Herkunftsland der Familie und bei jugendlichen Zuwanderern der ersten Generation der Zeitpunkt der Zuwanderung erhoben. Dies ermöglicht Diagnosen, die der Vielfalt von Migrationsgeschichten eher gerecht werden, als allein die Unterscheidung ohne bzw. mit Migrationshintergrund (vgl. Reißig/Lex/Gaupp 2008).

Unklar sind bisher die Mechanismen, über die aus den Bildungsvorsprüngen junger Frauen (zu hohen Anteilen junge Frauen mit Migrationshintergrund) Benachteiligungen im Ausbildungssystem bzw. der Erwerbsarbeit entstehen. Da für entsprechende Analysen Verlaufsdaten benötigt werden, versprechen die an mehreren Standorten der *Förderinitiative* begonnenen Längsschnittuntersuchungen dazu wichtige Hinweise.

Eine Auswertung der in Anmeldesystemen generierten Daten öffnet den Blick auf die geschlechtsspezifischen Ausprägungen von Bildungswegen in beiden Teilsystemen der beruflichen Bildung: dem dualen System (eher eine Domäne der jungen Männer) und dem berufsschulischen Qualifizierungssystem (in dem überwiegend junge Frauen ausgebildet werden). Diese geschlechtsspezifischen Segmentierungen werden zusätzlich überlagert durch Unterschiede in den Präferenzen bzw. Zugangsmöglichkeiten zu den beiden Systemen für junge Migrantinnen und Migranten aus unterschiedlichen Herkunftsländern. Insbesondere an Standorten in Nordrhein-Westfalen, wo Anmeldesysteme schwerpunktmäßig eingesetzt werden und vollzeitschulische Ausbildungsgänge an Berufskollegs die quantitativ wichtigste Anschlussstation für Hauptschulabsolventinnen und -absolventen darstellen, werden Anmeldedaten auch zur Aufklärung geschlechts- oder herkunftsbedingter Benachteiligungen in den Ausbildungssystemen genutzt.

Die Vielfalt der zur Dokumentation von Übergängen im Rahmen von Lotsenangeboten eingesetzten Systeme und die fehlende Abstimmung bei der Nutzung von Indikatoren (z. B. für den Migrationshintergrund) erschweren an den Standorten der *Förderinitiative* die Ausschöpfung des Potenzials von Dokumentationssystemen als Datenlieferanten zum Übergangsgeschehen. Positive Effekte gibt es bisher dann, wenn solche Systeme quasi flächendeckend für Teilbereiche (etwa alle Hauptschulen eines Stadtteils) eingesetzt werden.

**Für die Schaffung von Daten-
grundlagen zu den Übergangswegen von Jugendlichen wird
sozialwissenschaftliche und
statistische Kompetenz benötigt.
Dafür sollten Kooperationsbeziehungen zu Wissenschaftseinrichtungen der Region
entwickelt und genutzt werden.**

Leitlinien
Schaffung von Datengrundlagen zu den Übergangswegen von Jugendlichen

Regionales Übergangsmanagement ist auf präzise regionale Diagnosen zu den Wegen angewiesen, die Jugendliche in der Region von der Schule in Ausbildung nehmen, um erfolgreiche Wege aber auch Sackgassen und Umwege erkennen zu können. Bei der Schaffung von Datengrundlagen zu den Übergangswegen von Jugendlichen ist zu beachten:

◼ Übergangswege Jugendlicher verlaufen durch unterschiedliche Institutionen des Bildungs- und Ausbildungssystems. Deren Kooperationsbereitschaft muss gewonnen werden, um vollständige und belastbare Daten zu gewinnen.

◼ Die Erhebung und Auswertung von Individualdaten ist an datenschutzrechtliche Vorgaben gebunden. Die für die Einhaltung des Datenschutzes zuständigen Personen und Stellen müssen frühzeitig beteiligt werden.

◼ Die Abbildung von Übergangswegen Jugendlicher erfordert Verlaufsdaten, die über Längsschnittuntersuchungen, Anmeldesysteme und Datenbanken für Lotsensysteme gewonnen werden können. Alle diese Verfahren sind anspruchsvoll und aufwändig. Wenn für solche Verfahren die Voraussetzungen fehlen, sind weniger komplexe Erhebungsverfahren (z.B. einmalige oder wiederholte Schulabgängerbefragungen) ein geeigneter erster Schritt. Dafür sollten bereits erprobte Instrumente genutzt werden.

◼ Für die Schaffung von Datengrundlagen zu den Übergangswegen von Jugendlichen wird sozialwissenschaftliche und statistische Kompetenz benötigt. Dafür sollten Kooperationsbeziehungen zu Wissenschaftseinrichtungen der Region entwickelt und genutzt werden.

◼ Erhebungen zu den Übergangswegen müssen so angelegt werden, dass sie Diagnosen zur Situation von Jugendlichen mit Migrationshintergrund und jungen Frauen im Übergang Schule – Berufsausbildung ermöglichen. Dazu müssen Informationen zu den Migrationsgeschichten der Jugendlichen, ihren Motiven und Aspirationen und ihre Einschätzungen zur Qualität der Unterstützung, die sie erhalten, erhoben werden.

4 Herstellung von Transparenz zu den Maßnahmen, Angeboten und Institutionen im Übergangssystem

Das Angebotsspektrum ist selbst für Fachkräfte schwer überschaubar. Arbeitsstäbe und Koordinationsgremien verfügen nicht über ausreichend belastbare Informationen zum Übergangssystem, um Entscheidungen zu dessen Gestaltung treffen zu können.

DIAGNOSE: ES GIBT KEINEN MANGEL AN ANGEBOTEN SONDERN EINEN MANGEL AN TRANSPARENZ

Unter den an den Standorten der *Förderinitiative Regionales Übergangsmanagement* befragten Expertinnen und Experten gab es eine weitgehende Übereinstimmung in der Diagnose, dass es nicht an Angeboten im Übergang Schule – Berufsausbildung mangele, wohl aber an Wissen über das Spektrum von Angeboten, deren Verteilung (z.B. auf Schulen), deren Zielgruppenerreichung und deren Qualität bzw. Wirksamkeit. Vermutet werden eine ungleiche Verteilungen von Angeboten und Unterschiede in deren Qualität und Wirkung. Das Angebotsspektrum sei selbst für einschlägig tätige Fachkräfte schwer überschaubar und zudem von einer hohen Änderungsdynamik geprägt. Bei der Erfüllung von Beratungsaufgaben fehlten den Fachkräften häufig die für die Beratung erforderlichen Informationen. Dasselbe gelte für das regionale Übergangsmanagement: Arbeitsstäbe und Koordinationsgremien verfügten nicht über belastbare Informationen zum Übergangssystem, um Entscheidungen zu dessen Gestaltung treffen zu können.

STRATEGIEN ZUR HERSTELLUNG VON ANGEBOTSTRANSPARENZ UND DEREN NUTZUNG FÜR REGIONALES ÜBERGANGSMANAGEMENT

Alle Standorte der *Förderinitiative* haben begonnen, Transparenz im lokalen Angebotsspektrum herzustellen und durch Bestandsaufnahmen einen Überblick über die in der Region bestehenden Angebote und deren Anbieter zu schaffen. Dabei lassen sich zwei Aspekte des Vorgehens unterscheiden:

- Die Durchführung von Bestandsaufnahmen zum Angebotsspektrum und die Aufbereitung der Ergebnisse für die Nutzung durch unterschiedliche Adressatengruppen;
- die Nutzung von Bestandsaufnahmen als Ausgangspunkt für die Evaluation von Angeboten bzw. andere Verfahren zur Qualitätsentwicklung.

An zwei Standorten der Förderinitiative durchgeführte Schuluntersuchungen zeigten, dass innerhalb derselben Kommune große Unterschiede zwischen Schulen im Hinblick auf den Umfang und die Art der Angebote zur Berufsorientierung bestehen. Einzelne Schulen bemühten sich aktiv darum, in Kooperation mit Externen zusätzliche Angebote zu installieren und eigene und externe Angebote zu einem konsistenten Gesamtprofil verknüpfen. An anderen Schulen war das Angebot an Hilfen zur Berufsorientierung stark eingeschränkt bzw. vorhandene Angebote standen unverbunden nebeneinander. An denselben Schulen durchgeführte Längsschnittuntersuchungen zu den Bildungs- und Ausbildungswegen der Schulabsolventinnen und -absolventen belegten Zusammenhänge zwischen den Förderstrategien der Schulen und den von den Jugendlichen erreichten Anschlüsse. Dabei reichte an einem der beiden Untersuchungsstandorte der Anteil der Schüler/innen, die direkt nach der Schule eine Berufsausbildung aufnahmen, von 0 bis 67 Prozent (Hofmann-Lun/Geier 2008).

Durchführung von Bestandsaufnahmen zum Angebotsspektrum und die Aufbereitung der Ergebnisse für die Nutzung durch unterschiedliche Adressatengruppen

Die Erarbeitung von Bestandsaufnahmen war fast durchgängig eine der ersten Aufgaben der Arbeitsstäbe. Es wurden unterschiedliche Verfahren eingesetzt, um die Informationen zu sammeln. Es wurden Fragebögen als schriftlich auszufüllendes Formular per Post oder im Dateiformat per E-Mail verschickt bzw. auf einer Webseite zur Online-Eingabe zur Verfügung gestellt. Auch wurden Mitarbeiter/innen der Anbieter von Maßnahmen telefonisch oder persönlich mit einem Fragebogen befragt. Ergänzend dazu wurden Experteninterviews durchgeführt.

Die Entscheidung, mit welchem Instrument die Informationen erhoben wurden, hing von den spezifischen Zielsetzungen, von der Art und des Umfangs der zu erfassenden Informationen und den Rahmenbedingungen ab, unter denen die Bestandsaufnahmen realisiert wurden. Eher unaufwändigere Verfahren per Fragebogen oder Online-Erhebung reichten aus, wenn es um eine eher formale Erfassung der Angebote ging. Aufwändigere Erhebungsverfahren waren nötig, wenn eine differenzierte Beschreibung der Angebote gewünscht war. An einigen Standorten wurden Einschätzungen zur Angebotsstruktur und zur Wirkung von Angeboten erhoben. Hier wurden Face-to-Face-Interviews mit Expertinnen und Experten geführt.

In Hamburg wurden Expertinnen und Experten in Einrichtungen, Ämtern, Kammern usw. zu insgesamt sieben Themenbereichen befragt:
- *Statistische Daten,*
- *Strukturen, Verfahren und Instrumente zur Ermittlung des individuellen Bildungs- und Beratungsbedarfs sowie Grundlagen der Entscheidung für die Schaffung einzelner Angebote und Maßnahmen,*
- *Maßnahmen, Angebote, deren Gestaltung und eine Einschätzung ihrer Wirksamkeit,*
- *Kooperation und Abstimmung der Akteure,*
- *Verfahren und Instrumente zur Dokumentation der Ergebnisse,*
- *Daten, Angaben und Erkenntnisse aus dem Bereich der Wirtschaft und den Betrieben,*
- *Vorgaben der politischen Ebenen.*

Unabhängig von den eingesetzten Verfahren wurden bei den Erhebungen zu Angeboten in der Regel auf Selbstauskünfte der Anbieter zurückgegriffen. In manchen Fällen wurden diese Auskünfte durch Experteninterviews ergänzt, was insbesondere dann geschah, wenn auch Bewertungsfragen von Interesse waren.

Für die Aufbereitung und Publikation der erhobenen Informationen entschied sich die Mehrheit der Vorhaben für Datenbanken. Weitere Aufbereitungen und Verbreitungen erfolgten in Form von gedruckten Broschüren, Loseblattsammlungen in Ordnern oder in Form von Plakaten. Vielfach wurden die Informationen für unterschiedliche Medien aufbereitet und verbreitet.

Das regionale Übergangsmanagement hat für die Transparenz am Übergang Schule –Beruf im Salzlandkreis umfassende Informationen zu Beratungsstellen, Bildungsträgern, Ausbildungsbetrieben, Berufsbildern, Ausbildungsplätzen/Praktika, regionalen Projekten im Salzlandkreis sowie zu Förderprogrammen und gesetzlichen Grundlagen erfasst und auf der offiziellen Informationsplattform des RÜM http://www.jumpers-net.de veröffentlicht. Alle Informationen sind dabei logisch miteinander verknüpft.

Dabei wurde wie folgt vorgegangen:
- **Im ersten Schritt wurde festgelegt, welche Art von Daten erhoben, wofür diese genutzt und welche Zielgruppen angesprochen werden sollen.**
- **Im zweiten Schritt wurde geprüft, welche Daten verwaltungsintern aus den zwei Altkreisen bereits abrufbar waren und welche Verknüpfungen bzw. Überschneidungen vorlagen. Dabei stellte sich heraus, dass die verfügbaren Daten stark voneinander abwichen und nicht zusammengeführt werden konnten.**
- **Daraufhin wurde ein neues einheitliches Erfassungsraster für Ansprechpartner, Angebote und Träger entwickelt. Gefragt wurde nach dem Angebot, der Art der Förderung, der Dauer, den Zielgruppen, den Kooperationspartnern, dem Inhalt, den Kontaktdaten. Alle Akteure erhielten zusammen mit einem Brief des Landrates den Fragebogen mit der Bitte, diesen schriftlich zu beantworten und zurückzusenden.**

Der Rücklauf erwies sich zunächst als sehr gering, so dass die Akteure erneut persönlich kontaktiert und anhand des Rasters befragt wurden. Der persönliche Kontakt erwies sich nicht nur als verbindlicher als der postalische, sondern legte auch die Basis für die zukünftige Zusammenarbeit. Im Gespräch wurden offene Fragen geklärt und weitere Akteure im Arbeitsfeld empfohlen.

Die Entscheidung darüber, in welcher Form Bestandsaufnahmen präsentiert wurden, hing von den Adressaten ab, die erreicht werden sollten. Für Lehrerkräfte und Berater/innen an Schulen wurde eher ein Printformat (zum Beispiel in Plakatform oder als Loseblattsammlung im Ordner) gewählt. Der persönliche Kontakt bei der Übergabe dieser Produkte wurde zugleich genutzt, die Kooperationsbeziehungen zu den Partnern zu vertiefen.

Wenn mehrere unterschiedliche Zielgruppen angesprochen werden sollten, wurden Datenbanken aufgebaut. Das ermöglichte eine Untergliederung nach Adressatengruppen. So konnte für Jugendliche eine spezifische Ansprache geschaffen, für Eltern oder professionelle Berater/innen wiederum eine andere Form der Präsentation und Information gewählt werden.

Die Projektdatenbank „...den Anschluss finden – Angebote zum Übergang Schule – Beruf" in Mainz liegt als Loseblatt-sammlung vor, kann aber auch über die Homepage www.uesb-mainz.de herunter geladen werden. Die Angaben zu den Angeboten basieren auf einem „Steckbrief", der an 90 relevante Akteure verschickt oder über die AG Teilnehmer verteilt wurde. Der Oberbürgermeister der Landeshauptstadt Mainz persönlich schaltete die Online-Projektdatenbank anlässlich der Steuerungsgruppensitzung am 24.06.2009 offiziell frei.

Die Projektdatenbank ist in zehn Teilbereiche gegliedert:
- die zentrale Anlaufstelle – Jugendberufsagentur Mainz
- die allgemeinbildenden Schulen
- die Berufsbildenden Schulen (BBS)
- die Ansprechpartner/innen in den Schulen
- die zusätzlichen Unterstützungsangebote zur Berufsorientierung
- kein Ausbildungsplatz – was geht noch?
- die Angebote zur Weiterbildung
- Kammern / Bildungsträger und ihre Angebote
- die Angebote der Jugendhilfe in Mainz
- wohin, wenn es um andere Themen geht?

Unter dem Punkt „Kein Ausbildungsplatz – was geht noch?" bekommen die Nutzer beispielsweise Hinweise in Form von Links:
- zu Arbeitsgelegenheiten für Jugendliche,
- über Berufsvorbereitende Bildungsmaßnahmen (BVB),
- über die Einstiegsqualifizierung (EQ),
- über das Freiwillige Soziales Jahr, das Freiwilliges Ökologisches Jahr und das Freiwillige Soziales Jahr in der Kultur,
- zum Nachholen von Schulabschlüssen.

Die Erfahrungen der Vorhaben zeigen, dass der Aufwand für die Erstellung aussagekräftiger Angebotsübersichten zumeist höher war, als von den Verantwortlichen zunächst erwartet. Es erwies sich auch als schwieriger als angenommen, die gewünschten Informationen zuverlässig zu erheben. Gleichzeitig wurde deutlich, dass das Angebotsspektrum noch unübersichtlicher war als erwartet.

Nicht immer konnte in diesen Prozessen mit einem gleich bleibenden Engagement der Kooperationspartner gerechnet werden. Wichtig war, dass der Zweck der geplanten Bestandsaufnahme von vornherein klar definiert war und wenn vor allem die Partner Gewissheit hatten, dass sie selbst von den erhobenen Daten profitieren würden. Insofern verbesserte sich die Auskunftsbereitschaft der in die Bestandsaufnahmen einbezogenen Institutionen immer dann, wenn der Nutzen für die eigene Arbeit erkennbar war.

Spätestens nach dem Vorliegen der ersten Bestandsaufnahmen stellte sich die Frage nach der Aktualität der Daten. Aufgrund der kurzen Laufzeiten von Projekten und Maßnahmen waren diese z.T. bereits beendet, wenn die Bestandsübersichten veröffentlicht wurden. In ersten Bestandsaufnahmen konzentrierten sich die Vorhaben deshalb auf langfristig angelegte Aktivitäten und verzichteten auf die Aufnahme von Angeboten, die nur eine kurze Laufzeit hatten. In einem Teil der Vorhaben haben die Arbeitsstäbe die Aufgabe der Aktualisierung selbst übernommen und recherchieren laufend die Veränderungen und Entwicklungen in der Angebotsstruktur. Andere Vorhaben verpflichten die Anbieter, über Veränderungen regelmäßig zu informieren oder diese direkt in die Datenbanken einzupflegen.

Wer waren letztlich die Nutzer/innen der gewonnenen Informationen? Als typische Nutzergruppen an den Standorten der *Förderinitiative* lassen sich identifizieren:
a) Fachkräfte mit Beratungsfunktionen: für diese dienten die Bestandsaufnahmen einer Verbesserung der Informationsgrundlagen für die Beratung;
b) Jugendliche und deren Eltern: für sie lieferten die Bestandsaufnahmen Informationen über das vorhandene Spektrum von Anschlussmöglichkeiten;
c) Anbieter von Maßnahmen: ihnen dienten die Bestandsaufnahmen als Medium der Selbstdarstellung aber auch der Herstellung von Kooperationsbezügen;
d) Koordinationsgremien: für sie schufen die Bestandsaufnahmen Informationsgrundlagen für Abstimmungsprozesse.

Zu a): Fachkräfte mit Beratungsfunktionen als Adressaten
Eine zentrale Zielgruppe für die Ergebnisse von Bestandsaufnahmen waren Fachkräfte, die als Berater/innen und Begleiter/innen von Jugendlichen im Übergang tätig sind: Beratungslehrer/innen, Schullaufbahnberater/innen, Berufsberater/innen, Mitarbeiter/innen von Trägern der Jugendsozialarbeit, *Übergangscoaches*, Berufseinstiegsbegleiter/innen, Fallmanager/innen. Diesen Zielgruppen war häufig nur ein begrenzter Ausschnitt des Spektrums von Unterstützungsangeboten und Anschlussmöglichkeiten für ihre Klientel bekannt. Insofern bot die übersichtliche Aufbereitung der Ergebnisse von Bestandsaufnahmen (z.B. als Plakat, als Loseblattsammlung oder in einer IT-gestützten Datenbank) die Möglichkeit, in der Beratung und Begleitung der Jugendlichen das Spektrum möglicher Hilfen und Anschlüsse zu konkretisieren und zu erweitern (vgl. dazu das Plakat auf den folgenden Seiten).

45

Wohin nach der Schule? Bildungs- und

Welche Voraussetzungen, Ziele und Optionen hat die/der Jugendliche?

Was zeichnet die einzelne

Die/der Jugendliche hat **keinen Schulabschluss** und möchte ...

	...VZ	BQL-Tridem	BQL-TZ	BvB	Angebote des JA
einen einfachen/erweiterten Hauptschulabschluss bzw. eine diesen Abschlüssen gleichwertige Schulbildung erwerben	BQL-VZ	BQ...			
sich auf einen Beruf vorbereiten	BQL-VZ	BQL-Tridem	BQL-TZ	BvB	EQ	Angebote des JA
eine Ausbildung machen	BaE	Angebote des JA	Betriebliche Ausbildung	Betriebsnahe Ausbildung	

Die/der Jugendliche hat den **einfachen Hauptschulabschluss** und möchte ...

einen erweiterten Hauptschulabschluss bzw. eine diesem Abschluss gleichwertige Schulbildung erwerben	BQL-VZ	BQL-Tridem	BQL-TZ	BvB	Angebote des JA	AiS
sich auf einen Beruf vorbereiten	BQL-VZ	BQL-Tridem	BQL-TZ	BvB	EQ	Angebote des JA	FSJ/FÖJ
eine Ausbildung machen	Mehrjährige BFS (einschl. BFS-TZ)[1]	BaE	Angebote des JA	Betriebliche Ausbildung	Betriebsnahe Ausbildung	

Die/der Jugendliche hat den **erweiterten Hauptschulabschluss** und möchte ...

seine N... (Übergang... bzw. gymn... ...schluss erwerben	OBF I	OBF I -Tridem	Angebote des JA	AiS
sich auf einen Beruf v...				
eine Ausbildung machen ...orbereiten Br... BFS-... Assistent... ausbildung)...	OBF I	OBF I -Tridem	BvB	EQ	Angebote des JA	FSJ/F...

Die/der Jugendliche möchte eine **Studienbefä...**

	FOS[4]	BOS	OG	BaE	Angebote	Betriebl...

Legende

| Schulische Angebote |
| Angebote der Agentur für Arbeit/ des JobCenters (AA/JC) |
| Angebote des Jugendamtes (JA) |
| Freiwilligendienste (FSJ/FÖJ) |
| Ausbildung in Sicht (AiS) |
| Duale Ausbildung |

1 ggf. Erwerb des mittleren Schulabschlusses

2 ggf. Erwerb der Fachhochschulreife

3 die Zugangsvoraussetzungen und der jeweils mögliche Abschluss variieren

4 es gibt unterschiedliche Formen der FOS

5 darüber hinaus gibt es (z.T. kostenpflichtige) Ausbildungsmöglichkeiten an privaten Berufs(fach)schulen, für die unterschiedliche Modalitäten gelten

6 allgemeine Fachhochschulreife (Voraussetzung für ein Studium an jeder Fachhochschule in jeder Fachrichtung)

7 fachgebundene Hochschulreife (Fachabitur: Voraussetzung für ein Studium an Hochschulen in ausgewählten Fachrichtungen)

8 allgemeine Hochschulreife (Abitur: Voraussetzung für ein Studium an jeder Hochschule in jeder Fachrichtung)

9 Sonderform: doppeltqualifizierende Bildungsgänge: Abitur und Ausbildung in ausgewählten Berufen (Dauer 4 Jahre)

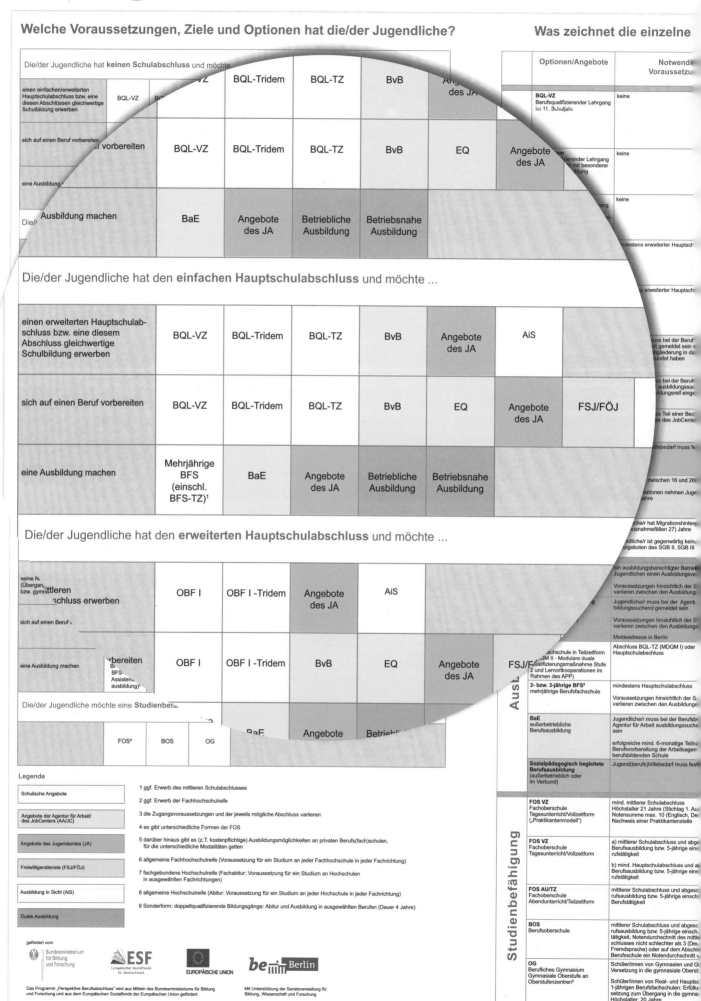

Was zeichnet die einzelne

Optionen/Angebote	Notwendi... Voraussetzu...
BQL-VZ Berufsqualifizierender Lehrgang im 11. Schuljahr	keine
...zierender Lehrgang ...r mit besonderer ...htung	keine
	keine
	...ndestens erweiterter Hauptsch...
	...r erweiterter Hauptsch...
	...uss bei der Beruf... ...t gemeldet sein ... ...gliederung in da... ...undet haben
	...uss bei der Beruf... ...ausbildungssuc... ...bildungsreif einge...
	...s Teil einer Ber... ...de des JobCenter...
	...hilfebedarf muss fest...
	...zwischen 16 und 26...
	...sationen nehmen Juge... ...hre
	...che/r hat Migrationshinter... ...usnahmefällen 27) Jahre
	...ndliche/r ist gegenwärtig kein... ...ngeboten des SGB II, SGB III
	...ein ausbildungsberechtigter Betrieb... ...Jugendlichen einen Ausbildungsve...
	Voraussetzungen hinsichtlich der S... variieren zwischen den Ausbildungs...
	Jugendliche/r muss bei der Agentu... bildungssuchend gemeldet sein
	Voraussetzungen hinsichtlich der S... variieren zwischen den Ausbildungs...
	Meldeadresse in Berlin
...achschule in Teilzeitform ...QM II - Modulare duale ...alifizierungsmaßnahme Stufe 2 und Lernortkooperationen im Rahmen des APP)	Abschluss BQL-TZ (MDQM I) oder Hauptschulabschluss
2- bzw. 3-jährige BFS[8] mehrjährige Berufsfachschule	mindestens Hauptschulabschluss
	Voraussetzungen hinsichtlich der S... variieren zwischen den Ausbildungs...
BaE außerbetriebliche Berufsausbildung	Jugendliche/r muss bei der Berufsb... Agentur für Arbeit ausbildungssuche... sein
	erfolgreiche mind. 6-monatige Teilna... Berufsvorbereitung der Arbeitsagen... berufsbildenden Schule
Sozialpädagogisch begleitete Berufsausbildung (außerbetrieblich oder im Verbund)	Jugend(berufs)hilfebedarf muss fest...
FOS VZ Fachoberschule Tagesunterricht/Vollzeitform ("Praktikantenmodell")	mind. mittlerer Schulabschluss Höchstalter 21 Jahre (Stichtag 1. Au... Notensumme max. 10 (Englisch, De... Nachweis einer Praktikantenstelle
FOS VZ Fachoberschule Tagesunterricht/Vollzeitform	a) mittlerer Schulabschluss und abge... Berufsausbildung bzw. 5-jährige eins... rufstätigkeit
	b) mind. Hauptschulabschluss und a... Berufsausbildung bzw. 5-jährige eins... rufstätigkeit
FOS AU/TZ Fachoberschule Abendunterricht/Teilzeitform	mittlerer Schulabschluss und abgesc... rufsausbildung bzw. 5-jährige einsch... Berufstätigkeit
BOS Berufsoberschule	mittlerer Schulabschluss und abgesc... rufsausbildung bzw. 5-jährige einsch... tätigkeit, Notendurchschnitt des mittl... schlusses nicht schlechter als 3 (Deu... Fremdsprache) oder auf dem Abschl... Berufsschule ein Notendurchschn...
OG Berufliches Gymnasium Gymnasiale Oberstufe an Oberstufenzentren[9]	Schüler/innen von Gymnasien und G... Versetzung in die gymnasiale Oberst...
	Schüler/innen von Real- und Hauptsc... 1-jährigen Berufsfachschulen: Erfüllu... setzung zum Übergang in die gymna... Höchstalter: 20 Jahre

Ausbildung · **Studienbefähigung**

gefördert vom

Bundesministerium für Bildung und Forschung

ESF Europäischer Sozialfonds für Deutschland

EUROPÄISCHE UNION

be Berlin

Das Programm „Perspektive Berufsabschluss" wird aus Mitteln des Bundesministeriums für Bildung und Forschung und aus dem Europäischen Sozialfonds der Europäischen Union gefördert.

Mit Unterstützung der Senatsverwaltung für Bildung, Wissenschaft und Forschung

SPI
CONSULT

te aus?

Quelle: Regionales Übergangsmanagement Berlin

Was zeichnet die ein

Dauer		Optionen/Angebote	Not Voraus	...e am Angebot	Lernorte	Status	Finanzielle Ansprüche	Weitere Informationen
2 Monate				(1) Wirtschaft und Ver-...cktechnik, (3) Bautechnik ...nd Raumgestaltung, (4) ...erpflege, (5) Ernährung ...ysik, Biologie, (6)	Berufsbildende Schule/ Oberstufenzentrum	Schüler/in	Kindergeld (Anspruch der Eltern)	Entscheidung für EIN Berufsfeld www.oberstufenzentrum.de
2 Mon...		**BQL-VZ** Berufsqualifizierender Lehrgang im 11. Schuljahr	keine	...Gastgewerbe, (2) ...echnik, (6) Farbtech-... (9) Ernährung und ...ng dem erw. HSA gleich-	Berufsbildende Schule/ Oberstufenzentrum UND Berliner Unternehmen (mehr-wöchige Praktika)	Schüler/in	Kindergeld (Anspruch der Eltern)	Entscheidung für EIN Berufsfeld Berufswegeplanung mit Unterstützung durch Bildungsbegleiter/innen Vermittlung von Qualifizierungsbausteinen Praktika in Unternehmen sind verbindliche Bestandteil www.aub-berlin.de
12 Monate				...: (1) Wirtschaft und Verwal-...chnik, (5) Holztechnik, (6) ...Raumgestaltung, (8) Körper-...grarwirtschaft gleichwertigen Schulbildung	Berufsbildende Schule/ Oberstufenzentrum UND Werkstätten des bbw	Schüler/in	Kindergeld (Anspruch der Eltern)	Entscheidung für EIN Berufsfeld www.oberstufenzentrum.de www.bbw-gruppe.de
12 Monate	Anme... allgeme... Meldefristen	**Tridem** ...fizierender Lehrgang ...mit besondere...	keine	...uflichen Qualifizierungsschwerpunkte: ...chnik, (3) Elektrotechnik, (4) Sozialwesen, ...Textiltechnik, (8) Chemie, Physik, Biologie, ...nik, (11) Gesundheit, (12) Körperpflege, (13) ...wirtschaft, (15) Hauswirtschaft ...des mittleren Schulabschlusses (Prüfung)	Berufsbildende Schule/ Oberstufenzentrum eventuell Unternehmen (Praktikum)	Schüler/in	Kindergeld (Anspruch der Eltern)	Entscheidung für EIN Berufsfeld www.oberstufenzentrum.de
12 Monate	Anmeldeunterlagen werden über die allgemeinbildenden Schulen verteilt Meldefristen bitte bei den OSZ erfragen		Grundbildung in einem der folgenden beruflichen Qualifizierungsschwerpunkte: (1) Wirtschaft/Verwaltung, (2) Gastgewerbe, (3) Elektrotechnik, (4) Bautechnik, (5) Holztechnik, (6) Textiltechnik, (7) Chemie, Physik, Biologie, (8) ... (9) Gesundheit, (10) Kraftfahrzeugtechnik, (11) Versorgun... ggf. Erwerb des mittleren Schulabschlusses		Berufsbildende Schule/ Oberstufenzentrum	Schüler/in	Kindergeld (Anspruch der Eltern)	Entscheidung für EIN Berufsfeld Berufswegeplanung mit Unterstützung durch Bildungsbegleiter/innen Vermittlung von Qualifizierungsbausteinen Praktika in Unternehmen sind verbindlicher Bestandteil (insgesamt ca. 18 Wochen) www.tridem-eins-berlin.de

Berufsvorbe...

Dauer	Optionen/Angebote	...am Angebot	...Voraus...	Finanzielle Ansprüche	Weitere Informationen
i.d.R. 10 Monate individuelle Verlängerung in begründeten Fällen möglich	Mitarbeiter/in der Berufsberatung der Agentur für Arbeit weist nach Prüfung des Bedarfs zu	Erprobung in mehreren Be...fschule Grundbildung in ei... ggf. Erwerb ...	mindestens erweiterter Hauptschulabschluss	12 Monate	...analyse ist verbindlicher Bestandteil ...on Qualifizierungsbausteinen ...ung mit Unterstützung durch Meldef...
mind. 6 und max. 12 Monate	Mitarbeiter/in der Berufsberatung der Agentur für Arbeit erteilt nach Prüfung des Bedarfs einen Vermittlungsvor-schlag	bet...			...ende Ausbildung erfolgt ...Ausbildungszeit
abhängig vom je-weiligen Angebot	Persönliche/r Ansprechpartner/in JobCenters (Team U 25) weist nach Prüfung des Bedarfs zu		**BF I - Tridem** einjährige Berufsfachschule mit besonderer inhaltlicher Ausrichtung	mindestens erweiterter Hauptschulabschluss	12 Monate	Anmeldeunterlagen allgemeinbildenden S...tueller Beratung ...des JobCenters Meldefristen bitte bei den...
6 - 10 Monate	Mitarbeiter/in des Jug... individuellen Hilfebe... haben (erhöht Un... an sozialpädago...				
6 - 24 Monate (i.d.R. 12 Monate)	Bewerbung bei... willigendienst... ber		**BvB** Berufsvorbereitende Bildungsmaßnahme	Jugendliche/r muss bei der Berufsberatung der Agentur für Arbeit gemeldet sein und ihren/seinen Wunsch nach Eingliederung in das Berufs- bzw. Arbeitsleben bekundet haben	i.d.R. 10 Monate individuelle Verlängerung in begründeten Fällen möglich	Mitarbeiter/in der Berufsberatung Agentur für Arbeit weist nach Prüf... des Bedarfs zu
6 Monate (in begründeten Fällen bis 12 Monate)	Mitarbe... in das... oder o...		**EQ** Einstiegsqualifizierung	Jugendliche/r muss bei der Berufsberatung der Agentur für Arbeit ausbildungssuchend gemeldet sein und als ausbildungsreif eingeschätzt werden	mind. 6 und max. 12 Monate	Mitarbeiter/in der Berufsberatung der Agentur für Arbeit erteilt nach Prüfung des Bedarfs einen Vermittlungsvor-schlag
je nach Ausbildung max. 3,5 Jahre	di...		**Weitere Angebote des JobCenters** z.B. Arbeitsgelegenheit mit Mehraufwandsentschädigung (AGH MAE)	Jugendliche/r muss Teil einer Bedarfsgemeinschaft oder Kundin/Kunde des JobCenters (gemäß SGB II) sein	abhängig vom je-weiligen Angebot	Persönliche/r Ansprechpartner/in des JobCenters (Team U 25) weist nach Prüfung des Bedarfs zu
je nach Ausbildung max. 3,5 Jahre			**Angebote des Jugendamtes**	Jugend(berufs)hilfebedarf muss festgestellt sein	6 - 10 Monate	Mitarbeiter/in des Jugendamtes muss individuellen Hilfebedarf festgestellt haben (erhöhter Unterstützungsbedarf an sozialpädagogischer Hilfe)
je nach Ausbildung max. 3,5 Jahre	M... Z...		**FSJ** Freiwilliges Soziales Jahr **FÖJ** Freiwilliges Ökologisches Jahr	Jugendliche/r zwischen 16 und 26 Jahren viele Organisationen nehmen Jugendliche/n jedoch erst ab 18 Jahre	6 - 24 Monate (i.d.R. 12 Monate)	Bewerbung bei einem Träger der Frei-willigendienste jährlich zum 1. Septem-ber
je nach Ausbildung max. 3,5 Jahre	Mitar... Agen... Anspr... erteilt f... des Bed... zungen e...		**AiS** Ausbildung in SIcht	Jugendliche/r hat Migrationshintergrund und ist max. 25 (in Ausnahmefällen 27) Jahre Jugendliche/r ist gegenwärtig kein/e Teilnehmer/in an Angeboten des SGB II, SGB III oder SGB VIII	6 Monate (in begründeten Fällen bis 12 Monate)	Mitarbeiter/in des JobCenters ve... in das Angebot oder offener Zugang
je nach Ausbildung max. 3,5 Jahre	Mitarbeiter/in des... individuellen Hilfeb... haben (erhöh... an sozialpäd...				
2 Jahre	Anmeldung an eine... Meldefristen bitte bei... Zusage des jeweiligen O...				
a) 1 Jahr b) 2 Jahre	Anmeldung an einem OSZ Meldefristen bitte bei den OSZ e... Zusage des jeweiligen OSZ		**Betriebliche ...usbildung**	ein ausbildungsberechtigter Betrieb, der mit der/m Jugendlichen einen Ausbildungsvertrag abschließt Voraussetzungen hinsichtlich der Schulabschlüsse variieren zwischen den Ausbildungsberufen	je nach Ausbildung max. 3,5 Jahre	...sbildung oder mit ... nur in dem Fachbe-...dem Berufsfeld ihrer direkte Bewerbung b... ...einem Jahr möglich
2 Jahre	Anmeldung an einem OSZ Meldefristen bitte bei den OSZ erfragen Zusage des jeweiligen OSZ	Erwerb der fachgebundenen ...	**...Ausbildung ...im**	Jugendliche/r muss bei der Agentur für Arbeit aus-bildungssuchend gemeldet sein Voraussetzungen hinsichtlich der Schulabschlüsse variieren zwischen den Ausbildungsberufen	je nach Ausbildung max. 3,5 Jahre	...OS nach einem Jahr möglich ...m.de tu...
2 Jahre Vollzeit oder bis zu 4 Jahre Teilzeit	Anmeldung an einem OSZ Meldefristen bitte bei den OSZ erfragen Zusage des jeweiligen OSZ	Erwerb der fachgebundenen H... oder Erwerb der allgemeinen Hochschulreife			...BAföG	...gänge sind auch als Teilzeitform (Abendlehrgänge) mög-...n. Wechsel von der FOS zur BOS nach einem Jahr möglich. ...m erfolgreichem Abschluss einer Assistentenausbildung Ein-stieg im 13. Schuljahr der BOS möglich www.oberstufenzentrum.de
3 Jahre	Anmeldung an einem OSZ Meldefristen bitte bei den OSZ erfragen Zusage des jeweiligen OSZ	Erwerb der allgemeinen Hochschulreife Erwerb berufsfeldbezogener Kenntnisse und Fähigkeiten	...e in Berlin		Oberstufenzentrum	Schüler/in	Kindergeld (Anspruch der Eltern) Schüler-BAföG	wesentlicher Anteil an fachtheoretischem und fachpraktischem Unterricht im jeweiligen Berufsfeld. Zur Auswahl stehen folgende Schwerpunkte: Wirtschaft und Verwaltung, Technik, Naturwissen-schaften, Schulen mit besonderem Fächerangebot www.oberstufenzentrum.de

© SPI Consult GmbH   www.ruem-berlin.de   Stand 07/2009

Zu b): Jugendliche und deren Eltern als Adressaten

Eine Reihe von Standorten hat die Informationen aus den Bestandsaufnahmen auf eigenen Internetseiten für die Jugendlichen selbst und ihre Eltern aufbereitet. Die aufbereiteten Ergebnisse der Bestandsaufnahmen sollten Jugendlichen und/oder deren Eltern als Informationsbasis für die eigene Orientierung bzw. für eigene Entscheidungen dienen.

Zu c): Anbieter von Maßnahmen und Kooperationspartner als Adressaten

An fast allen Standorten war es auch eine Intention der Bestandsaufnahmen, diese zur Intensivierung der Kooperationsbezüge vor Ort zu nutzen. Die Erarbeitung der Bestandsaufnahmen war ohne eine aktive Mitarbeit vielfältiger Kooperationspartner nicht zu leisten. Denen wiederum boten die Bestandsaufnahmen Möglichkeiten zur Selbstdarstellung, zur Verortung der eigenen Leistungen im Angebotsspektrum und zur Identifizierung potenzieller Kooperationspartner.

Das am Standort Parchim aufgebaute interaktive Netzwerk (Parchimer Ausbildungsnetz), das Jugendliche aber auch andere wichtige Akteure des Übergangs mit Informationen und Unterstützungsangeboten versorgt, nennt als eine Besonderheit auch Unternehmen der Region als Adressaten: Das Portal will den Unternehmen Zugang zu Informationen rund um das Thema Nachwuchsgewinnung, Berufsausbildung und Ausbildung eröffnen. Es nennt die Kontaktdaten aller für die Unternehmen wichtigen Ansprechpartner/innen im Landkreis Parchim, wichtige Termine von Veranstaltungen und liefert Informationen und Arbeitshilfen zum Downloaden.

Zu d): Koordinationsgremien als Adressaten

Das zentrale Ziel von Bestandsaufnahmen war, den Koordinationsgremien einen Überblick über die Strukturen, Maßnahmen, Angebote und Institutionen zu verschaffen. Damit konnten Doppelstrukturen sichtbar gemacht aber auch Lücken identifiziert werden: Oft war den Mitgliedern der Koordinationsgremien nicht bekannt, welche Angebote für welche Zielgruppen vor Ort existierten, bzw. dass Förderangebote (z.B.

für schulmüde Jugendliche nebeneinander existierten, ohne dass dies deren Initiatoren bekannt war). Insofern diente die Auswertung der Ergebnisse der Bestandsaufnahmen den Koordinationsgremien als Basis für Schritte zur Fortentwicklung der Angebotsstruktur.

Die Arbeitsstäbe des regionalen Übergangsmanagements haben mit der Zielstellung, mehr Transparenz in die Angebotsstrukturen vor Ort zu bringen und ausführliche Übersichten zum Ist-Stand zu erstellen, in den meisten Fällen Neuland betreten. Die Ergebnisse der durchgeführten Bestandsaufnahmen wurden von den Kooperationspartnern der Arbeitsstäbe durchgängig positiv bewertet und bildeten eine wichtige Informationsbasis für Multiplikatoren und Berater/innen bei ihrer Arbeit mit Jugendlichen. Allerdings war die Vorbereitung und Durchführung von Bestandsaufnahmen und vor allem auch deren Aktualisieren mit einem hohen Aufwand verbunden sind. Dieser Aufwand ist insbesondere dann gerechtfertigt, wenn die Bestandsaufnahmen in ein Gesamtkonzept der regionalen Berichterstattung zum Übergangssystem eingebunden sind.

Nutzung von Bestandsaufnahmen als ersten Schritt für die Evaluation von Angeboten bzw. andere Verfahren zur Qualitätsentwicklung

Die Erstellung von Bestandsaufnahmen wurde in den Planungen der Vorhaben in der Regel mit der Zielsetzung verbunden, in einem zweiten Schritt auch die Qualität von Angeboten und Maßnahmen zu bewerten. Geplant waren Stärken-Schwächen-Analysen und Evaluationen, um die Wirksamkeit und Passgenauigkeit von Maßnahmen zu prüfen. Häufig sahen die Planungen vor, ineffektive oder nicht am Bedarf ausgerichtete Angebote zu streichen, um eine Bereinigung der Angebotslandschaft herbeizuführen.

Relativ schnell wurden die Vorhaben mit den methodischen Schwierigkei-

ten der Durchführung von Evaluationsstudien und den politischen Hürden der Übersetzung von Einsichten aus solchen Studien in Entscheidungen über den Ausbau oder die Streichung von Angeboten konfrontiert. Vor dem Hintergrund dieser Erfahrungen wurden Alternativstrategien verfolgt, die methodisch weniger aufwändig und politisch weniger konflikträchtig waren, aber gleichwohl am Ziel orientiert blieben, die Wirksamkeit und Passgenauigkeit von Maßnahmen und Angeboten zu verbessern.

Mit dieser Zielsetzung wurden an den Standorten der *Förderinitiative* drei Vorgehensvarianten eingesetzt:

a) Bewertungen zur Qualität von Angeboten durch eine Verknüpfung von Informationen aus den Bestandsaufnahmen mit Informationen aus anderen Datenquellen;

b) die Durchführung von Evaluationsstudien;

c) die Initiierung von Prozessen zur Entwicklung von Qualitätsstandards.

Zu a): Bewertungen zur Qualität von Angeboten durch eine Verknüpfung mit anderen Informationen

Eine Informationsquelle zur Qualität von Angeboten und Maßnahmen waren Daten aus Schülerbefragungen. Solche Daten zeigten, welche Jugendlichen von welchen Angeboten erreicht wurden, wie sie den Nutzen dieser Angebote bewerteten und welche Stationen sich an diese Angebote anschlossen. Wurden diese Informationen aus Schülerbefragungen in Bezug gesetzt zu Informationen aus den Bestandsaufnahmen zur Beschaffenheit von Angeboten, so erlaubte dies Schlüsse über die Qualität bzw. Wirkungen von Angeboten. In einer zweiten Vorgehensvariante wurden Daten aus Bestandsaufnahmen und Schülerbefragungen mit Informationen aus Befragungen von Fachkräften bzw. Expertinnen und Experten verknüpft. Diese zusätzlichen Informationen lieferten eine

Folie, vor der der Beitrag von Angeboten für das Gelingen oder Misslingen von Übergängen besser verstanden werden konnte.

Das regionale Übergangsmanagement in Kiel verband die Bestandsaufnahme zu Angeboten im Übergang Schule – Berufsausbildung mit Befragungen der Berufsorientierungs-Lehrkräfte und der Schulleiter/innen: In einem ersten Schritt wurden die Angebote und Anbieter im Bereich der Berufsorientierung erfasst. Flankierend befragt wurden alle Berufsorientierungs-Lehrkräfte nach ihren Einschätzungen zu diesen Angeboten sowie die Schulleiter/innen zum Schuljahresende nach dem Verbleib der Schüler/innen.

Auf dieser Grundlage wurde 2010 eine Datenerhebung für eine „kombinierte Verbleibstatistik" an allen allgemeinbildenden Kieler Schulen und Förderzentren durchgeführt. Das Ziel war, Übergangsverläufe verfolgen zu können, eventuelle Bedarfe rechtzeitig aufzudecken und Informationen zur Entwicklung von Qualitätskriterien zu generieren.

Zu b): Durchführung von
    Evaluationsstudien

Der Durchführung von Evaluationsstudien standen an den Standorten der *Förderinitiative* regelmäßig kritische Fragen und Einwände entgegen:

- Ein erster Einwand lautete, dass man ja eigentlich schon alles wisse über die Wirksamkeit und Wirkungslosigkeit von Angeboten. Statt für Evaluationen solle man die knappen Ressourcen besser für die Förderung der Jugendlichen einsetzen.
- Eine kritische Frage zielte auf die Zuständigkeit für die Durchführung von Evaluationen. Wer – außer dem jeweiligen Finanzier eines Angebots – hatte das Recht, eine Evaluation dieses Angebots durchführen zu lassen. Damit stand insbesondere die Intention einer vergleichenden Evaluation ähnlicher Angebote unterschiedlicher Geldgeber vor einer kaum überwindbaren Zuständigkeitshürde.
- Ein drittes Hindernis stellten Zweifel der in den Angeboten tätigen Praktiker/innen an der Angemessenheit der in Evaluationsstudien angewandten Erfolgskriterien dar. Die kritische Frage lautete: Wird unsere Arbeit nach den richtigen Kriterien bewertet?
- Schließlich waren Evaluationsab-

sichten immer auch dem Verdacht der Interessengeleitetheit und der fehlenden Neutralität ausgesetzt. Evaluiert werden sollte, so der Vorwurf, um zu kürzen und zu sparen oder um ungeliebte Anbieter aus dem Feld zu drängen.

Es überrascht nicht, dass in diesem kritischen Umfeld Aktivitäten mit dem expliziten Anspruch, Angebote zu evaluieren, eher die Ausnahme waren. Wo sie realisiert wurden, mussten sie sich den genannten Fragen und Einwänden stellen:

Dem Einwand der Nutzlosigkeit von Evaluationen, weil man ja bereits alles wisse, konnte nur mit dem gelungenen Beispiel begegnet werden. Vorbehalte wurden dadurch überwunden, dass das, „was wir schon immer geahnt haben", nun mit Daten belegt werden konnte. Um den Nutzen der Evaluation zu untermauern, war es weiterhin wichtig, dass alle relevanten Akteure (also auch die Skeptiker) daran beteiligt wurden, aus den Ergebnissen politische und praktische Schlüsse zu ziehen.

Die Notwendigkeit von umfassenderen, vergleichenden Evaluationen der Angebote unterschiedlicher Geldgeber ist in vielen Koordinationsgremien unumstritten.

Die Zuständigkeitshürde ist bisher in der *Förderinitiative* noch nicht überwunden worden. Durchgeführte Evaluationen konzentrierten sich bisher in der Regel auf die von den Kommunen selbst initiierten Angebote. Eine politische Kontroverse über die Frage, wer berechtigt sei, die Angebote von Dritten zu bewerten, wurde damit vermieden. Die Notwendigkeit von umfassenderen, vergleichenden Evaluationen der Angebote unterschiedlicher Geldgeber ist in vielen Koordinationsgremien zwar unumstritten. Aber praktisch wurde dieser Weg bisher nicht beschritten.

Am Standort Nürnberg wurde ein Konzept zur Evaluation kommunal finanzierter Programme gemeinsam mit Fachkräften aus diesen Programmen entwickelt und mit der Umsetzung begonnen. In einer Pilotphase werden fünf Angebote evaluiert, die insofern miteinander vergleichbar sind, als sie ähnliche Inhalte und Ziele verfolgten.

Zur Vorbereitung der Evaluation wurde in mehreren Abstimmungsrunden unter der Beteiligung des Arbeitsstabes des regionalen Übergangsmanagements (Bildungsbüro), des Geschäftsbereichs Schule, des Sozialreferats und eines kommunalen Trägers (Noris Arbeit gGmbH) ein Indikatorenkatalog für Anschlussorientierte Angebote des Übergangsmanagements Schule – Beruf erarbeitet. Das Staatliche Schulamt, die Arbeitsagentur, die ARGE, die Kammern wurden über die Ergebnisse informiert.

Anhand des Indikatorenkatalogs wird im Evaluationsverfahren überprüft, inwieweit Ziele erreicht und Wirkungen sichtbar werden. Neben den Merkmalen der Zielgruppe und den spezifischen Zielen und in den Angeboten eingesetzten Methoden werden die durch die Jugendlichen erreichten Anschlüsse ermittelt: erreichter schulischer Abschluss und die Verbesserung des Zensurendurchschnitts. Es wird überprüft, ob die anvisierte Zielgruppe tatsächlich erreicht wurde und welche Ressourcen für das Angebot aufgewendet wurden.

Um der Skepsis der Fachpraxis zu begegnen, wurde diese bei der Entwicklung von Evaluationskriterien und der Verfahren der Evaluation intensiv beteiligt. Es gelang in diesen Fällen über Kriterien und Verfahren einen weit gehenden Konsens herzustellen.

Dem Verdacht, Evaluationen seien interessengeleitet und die Evaluatoren seien nicht neutral, wurde in den wenigen Fällen, in denen aufwändigere Evaluationen durchgeführt wurden, dadurch begegnet, dass unabhängige und in ihrer Expertise anerkannte Einrichtungen mit der Durchführung beauftragt wurden. Für eine solche Vorgehensweise sprach ohnehin, dass komplexere Untersuchungsansätze bei den Ausführenden ein hohes Maß an Wissen und Erfahrung voraussetzten. Um die Unabhängigkeit der Evaluatoren deutlich zu machen, wurden die Evaluationen z.T. an Einrichtungen außerhalb der Region übertragen, um jeden Anschein eines Abhängigkeitsverhältnisses zwischen Auftraggeber und ausführender Einrichtung zu vermeiden.

Bei der Evaluation der Berufsvorbereitungsangebote an den fünf Berufskollegs des Standortes Kreis Herford wird ein komplexer Evaluationsansatz umgesetzt. Die Stärken-Schwächen-Analyse ist ein Mix aus qualitativen und quantitativen Methoden. Quantitative und qualitative Merkmale der Bildungsgänge werden mittels eines Profilbogens erfasst. Er richtet sich an das Lehrpersonal und enthält Fragen zu den allgemeinen Rahmenbedingungen (Berufsfelder, Dauer, Annahmevoraussetzungen, Hauptübernehmer im Anschluss, Kooperationspartner, Dropout-Quoten, Vermittlungsquoten in Ausbildungsplätze etc.), Angaben zu den Inhalten/Lernbereichen des Bildungsgangs (Lernbereiche, Sozialverhalten, Umgangsformen, Kulturtechniken), Angaben zum Lehrpersonal (Anzahl Lehrer/innen und Sozialpädagog/innen, Ausbildungshintergrund, Zusatzqualifikationen, Möglichkeit zur Supervision) und eine persönliche Einschätzung.

Von Seiten der untersuchten Berufskollegs wird positiv bewertet, dass durch die Beauftragung einer externen wissenschaftlichen Einrichtung mit der Durchführung der Untersuchung ein externer, neutraler Blick auf die Angebote möglich wird.

Zu c): Entwicklung von Qualitätsstandards

Als Alternative zur evaluationsbasier-
ten Beurteilung der Qualität von Angeboten wurden Verfahren zur Entwicklung von Qualitätsstandards
implementiert. Dabei wurden sowohl „Top-Down-" und „Bottom-
Up-Strategien" eingesetzt.

Top-Down-Strategien beruhten z. B.
auf Initiativen der Landesebene. So
wurde in Sachsen in einem ersten
Schritt ein Konsens über Qualitätsstandards für die Berufsorientierung
zwischen Landesressorts und der *Regionaldirektion* der *Bundesagentur für
Arbeit* herstellt. In einem zweiten
Schritt wurden mit den Standorten
des regionalen Übergangsmanagements – Hoyerswerda, Leipzig und
der Landkreis Sächsische Schweiz-
Osterzgebirge – Vereinbarungen über
die Umsetzung dieser Standards in
der Region und deren Anpassung an
die spezifischen regionalen Bedürf-
nisse vereinbart.

*Die sächsischen Qualitätsstandards zur Berufsorientierung
illustrieren einen Ansatz, den auf der Basis von Bestandsaufnahmen identifizierten Bedarf an Qualitätsentwicklung
abzudecken:*

*Auf der Landesebene wurden diese Standards zwischen den
Ressorts der Sächsischen Staatsregierung und mit der Regionaldirektion der Bundesagentur für Arbeit abgestimmt. In
den Umsetzungsprozess wurden systematisch Schulen und
die örtlichen Arbeitsagenturen eingebunden. Anbieter von
berufsorientierenden Unterstützungsmaßnahmen bewerben
sich mit einem Konzept, welches von Gutachtern anhand
von vorgegebener Kriterien beurteilt wird (zu den Kriteri-
en: siehe www.sachsen-macht-schule.de). Eine Landesservicestelle führt flankierend Trägerberatungen durch: Bei
der Antragstellung erfahren die Träger Unterstützung, wie
fehlende Aspekte integriert werden können.*

Eine Bottom-Up-Strategie zur Qualitätsentwicklung stellt das am Standort Berlin praktizierte Verfahren dar,
Konsens über Qualitätsstandards in
Schnittstellenkonferenzen herzustellen. In den *Schnittstellenkonferenzen*
formulieren Fachkräfte aus der Praxis und der Verwaltung Qualitätsstandards für strategische Handlungsfelder der Übergangsförderung.
Dieser Prozess wird durch den

Arbeitsstab des *Berliner Übergangsmanagements* unterstützt und moderiert.
Die Intention ist, diesen Qualitätsstandards in einer Kooperationsvereinbarung zwischen den zuständigen
Verwaltungen und der *Arbeitsagentur* Geltung zu verleihen. Der Ansatz
soll also durch eine fachliche Ausein-
andersetzung über gute Praxis und
Wegen zu deren Einführung die aus
Zuständigkeiten unterschiedlicher
Akteure resultierenden Blockaden
überwinden helfen.

**Die Schnittstellenkonferenzen, die von RÜM Berlin initiiert und moderiert
werden, zielen darauf ab, Qualitätsstandards zu vier zentralen Themensträn-
gen am Übergang Schule-Beruf, Kompetenzfeststellung, Betriebsnähe, Berufswegebegleitung und Anrechenbarkeit von Abschlüssen, zu entwickeln.**

**Die Schnittstellenkonferenzen sind institutionen- und ressortübergreifen-
de Arbeitsgremien, in denen per fachlicher Diskussion und Abstimmung
über die verschiedenen Stationen, Institutionen und Förderkontexte im
Übergang Schule – Beruf hinweg, Qualitätsstandards zu den die „Schnittstellen" vereinbart werden. An jeder Schnittstellenkonferenz beteiligen
sich etwa 25 Akteure aus der Praxis und den Verwaltungsebenen, aus der
Arbeitsförderung und umsetzenden Einrichtungen.**

**Die Ergebnisse der Schnittstellenkonferenzen fließen in die Lenkungs-
runde von RÜM Berlin auf der Landesebene zurück, die sich aus Vertrete-
rinnen und Vertretern von drei Senatsverwaltungen (Bildung, Wissenschaft
und Forschung; Integration Arbeit und Soziales; Wirtschaft, Technik und
Frauen), den Kammern (IHK, HWK), ausgewählten Jobcentern und Jugendämtern, den Bereichsleiterinnen und -leitern der drei Agenturen für Arbeit,
dem Arbeitskreis Neue Erziehung, dem Türkischen Bund Berlin-Brandenburg
und dem DGB zusammensetzt.**

Die Erfahrungen der *Förderinitiative*
zeigen, dass es notwendig ist, verschiedene Datenquellen zu nutzen
und aufeinander zu beziehen, um ein
möglichst vollständiges Bild über die
Angebots- und Nachfrageseite vor
Ort zu gewinnen. Um auf vorhandenes Datenmaterial zurückgreifen zu
können, müssen die Strategien der
Datenerhebung von Beginn an aufeinander abgestimmt und für unterschiedliche Akteure im Feld nutzbar
sein.

Eine Unterstützung für die verbesserte Passung von Informationen aus
Bestandsaufnahmen über Angebote
im Übergangssystem und deren Nutzung durch Jugendliche kann von
der Landesebene ausgehen. In diesem Zusammenhang sollten auch die

Erfahrungen aus dem Land Hessen mit der Integrierten Ausbildungsstatistik beobachtet und auf die Nutzbarkeit für Initiativen des regionalen Übergangsmanagements geprüft werden.

Insgesamt haben sich die Evaluation von Angeboten, die Entwicklung von Qualitätsstandards und die Herbeiführung daraus resultierender Entscheidungen zur Angebots- und Anbieterstruktur als fachlich und politisch anspruchsvoll und kompliziert erwiesen. Ein Grund dafür sind die (bereits mehrfach beschriebenen) komplizierten Akteurskonstellationen. An den Standorten der *Förderinitiative* zeichnen jeweils mehrere unterschiedliche Akteure für die Initiierung, Durchführung und nicht zuletzt Finanzierung von Angeboten und Maßnahmen verantwortlich. Sie sind es, die Vorgaben machen zu Zielgruppen, Zielsetzungen und Ausstattung der eigenen Angebote und Maßnahmen. Sie haben Verfahren zu deren Steuerung entwickelt und eingerichtet und Qualitätsstandards formuliert. Zum Teil führen sie eigene Evaluationen durch bzw. haben Dritte mit solchen Evaluationen beauftragt.

Die unübersichtliche Akteurskonstellation und Angebotsstruktur wird zusätzlich dadurch verkompliziert, dass beide einer sehr dynamischen Entwicklung unterliegen. Da Angebote und Maßnahmen häufig aus zeitlich befristeten Projekten oder Programmen finanziert werden, kommen ständig neue Akteure und Angebote hinzu, während andere das Feld verlassen. Unter diesen Rahmenbedingungen einen Konsens über Qualitätsstandards herzustellen, erwies sich an den Standorten der *Förderinitiative* in deren bisherigem Verlauf als eine nicht abgeschlossene Aufgabe.

GENDER UND CULTURAL MAINSTREAMING

Die Erfassung des Ist-Zustandes aktueller Angebote und Maßnahmen vor Ort beinhaltete auch immer die Frage, welche spezifischen Angebote für junge Migrantinnen und Migranten und sowie für Mädchen und Jungen im Übergang Schule – Beruf vorhanden sind. Schwieriger in Bestandsaufnahmen zu erfassen ist, ob Mädchen bzw. Jungen sowie Jugendlichen mit Migrationshintergrund durch nicht offen gelegte Förder- oder Selektionsmechanismen der Zugang zu bestimmten Lernangeboten erschwert oder erleichtert wird. Solche Diagnosen konnten nur in den an wenigen Standorten durchgeführten Evaluations- oder Verlaufsuntersuchungen realisiert werden (Lotzkat/Müller 2010).

Gleichwohl eröffneten die Bestandsaufnahmen – insbesondere wenn sie mit Ergebnissen anderer Erhebungen verknüpft wurden – den Blick auf die Berufs- und Lebensplanung von Mädchen und Jungen sowie auf Zugangsbarrieren für Jugendliche aus Migrantenfamilien. Auf der Grundlage der Analysen erarbeiten die Vorhaben Empfehlungen zur Verbesserung von Vorgehens-

weisen an Schnittstellen und zur Identifizierung und Beseitigung von Lücken und Bruchstellen bei der Begleitung, Unterstützung und Beratung von Schülerinnen und Schülern während der Schulzeit und nach ihrer Schulentlassung (Süss/Felger/Huber 2011).

Zudem wurden die Bestandsaufnahmen gezielt für die Beratung der jungen Migrantinnen und Migranten und ihrer Eltern aber auch für die Kooperation mit Migrantenorganisationen eingesetzt. Dazu wurde begonnen, diese Übersichten auch in andere Sprachen zu übersetzen und zu veröffentlichen.

Ergebnisse aus Schulabsolventenbefragungen in zwei Großstädten (in Ost- und Westdeutschland) in der *Förderinitiative* zeigen, dass es zwischen Regionen große Unterschiede in der Zahl und Zusammensetzung der jungen Migrantinnen und Migranten (nach Herkunftsländern und dem Zeitpunkt der Zuwanderung) gibt (Gaupp/Lex/Reißig 2010: 11). Jugendliche aus verschiedenen Herkunftsländern haben unterschiedliche Pläne für die Zeit nach der Schule: Hauptschüler/innen türkischer Herkunft zeigen ein großes Interesse an einem weiteren Schulbesuch und dem Erwerb höherer Schulabschlüsse, junge Aussiedler/innen mit Hauptschulbildung sind eher an einer unmittelbar an die Pflichtschulzeit anschließenden Berufsausbildung interessiert (Gaupp/Lex/Reißig 2011).

Auch finden wir große regionale Unterschiede bei den Plänen und Platzierungen zwischen Mädchen und Jungen mit Hauptschulbildung. So planen und realisieren in Ostdeutschland Mädchen und Jungen im gleichen Umfang den Beginn einer Ausbildung unmittelbar nach Ende des Pflichtschulbesuchs, während am westdeutschen Standort Jungen häufiger als Mädchen den sofortigen Beginn einer Ausbildung anstreben und erreichen. Dafür planen Mädchen dort eher, durch weiteren Schulbesuch einen Mittleren Bildungsabschluss zu erwerben (ebd.). Diese Ergebnisse verdeutlichen, dass Bewertungen der regionalen Angebotsstruktur immer auch an den Zielen und Wünschen der Jugendlichen auszurichten sind.

Leitlinien
Bestandsaufnahme zu den Maßnahmen, Angeboten und Institutionen im Übergang Schule Berufsausbildung

Bestandsaufnahmen über Akteure, Institutionen, Angebote und Maßnahmen im Übergang Schule – Berufsausbildung sind ein erster Schritt zur Herstellung von Transparenz und bilden, über die Bereitstellung von Überblicksinformationen hinaus, eine Grundlage für Schritte zur Verbesserung der Qualität von Angeboten und Angebotsstrukturen:

■ Das Feld von Akteuren, Institutionen, Angeboten und Maßnahmen im Übergang Schule – Berufsausbildung ist schwer überschaubar. Notwendig ist eine Entscheidung, welcher Ausschnitt dieses Feldes Gegenstand einer Bestandsaufnahme sein soll.

■ Die Erhebung, Aufbereitung und laufende Aktualisierung von Informationen in einer Bestandsaufnahme ist aufwändig. Bei Entscheidungen über Informationsquellen (Selbstauskunft von Anbietern vs. eigene Erhebung), Vollständigkeit (alle Angebote vs. nur Angebote mit Strukturrelevanz) und Aktualität der Information sind der zu erwartende Aufwand und die benötigte Qualität gegeneinander abzuwägen.

■ Dafür muss geklärt werden, für welchen Zweck die Bestandsaufnahme erstellt wird: Als Informationsbasis für ein Steuerungs- und Koordinationsgremium, als Informationsgrundlage für Berater/innen und Begleiter/innen der Jugendlichen, als Informationsquelle für die Jugendlichen und ihre Eltern? Die Entscheidung über Funktion und Adressaten der Bestandsaufnahme bildet die Grundlage für die Auswahl der zu erhebenden Informationen und die Art der Aufbereitung für die Nutzer/innen.

■ Um die Ergebnisse der Bestandsaufnahme als gemeinsame Arbeitsgrundlage für weitere Arbeitsschritte nutzen zu können, muss unter den Beteiligten vorab Konsens über die Inhalte und die Qualität der zu erhebenden Informationen hergestellt werden.

■ Regionales Übergangsmanagement benötigt Informationen nicht nur über die Art und Ziele von Angeboten und Maßnahmen sondern auch über deren Qualität. Die Bewertung von Qualität über Verfahren der Evaluation ist methodisch anspruchsvoll und angesichts der Vielfalt von Zuständigkeiten und Interessen konfliktträchtig. Bei der Durchführung von Evaluationen sollte zwischen den Beteiligten Konsens über Ziele, Kriterien und Methoden der Evaluation hergestellt werden. Die Akzeptanz von Ergebnissen wird dadurch erhöht, dass für die Evaluation neutrale, fachlich ausgewiesene Expertinnen und Experten gewonnen werden.

■ Ein alternativer Weg liegt in der Herstellung eines Konsenses über Qualitätsstandards für Angebote und Maßnahmen auf dem Wege eines fachlichen Diskurses. Damit ein solcher Konsens ein hohes Maß an Verbindlichkeit erlangt, ist eine Beteiligung von Fachkräften und Expertinnen und Experten der relevanten Anbieter und sonstigen Akteure eine zentrale Voraussetzung.

5 Schritte zur Verbesserung der Angebotsstruktur des Übergangssystems

Einschätzungen der Schulleitungen zum Leistungspotenzial ihrer Schüler/innen haben den Charakter einer sich selbst erfüllenden Prophezeiung: Werden ihnen gute Anschlüsse zugetraut, dann haben sie auch bessere Chancen, diese zu erreichen. Werden die Potenziale eher skeptisch beurteilt, dann werden direkte Anschlüsse der Jugendlichen in Ausbildung und in weiter führende Schulen eher unwahrscheinlich.

DIAGNOSE: SCHULEN LEISTEN EINEN ZENTRALEN BEITRAG ZUM GELINGEN VON ÜBERGÄNGEN.

Hauptschüler/innen sind eine in ihren Bildungsaspirationen und -potenzialen heterogene Gruppe. Viele von ihnen planen nach Ende des Pflichtschulbesuchs weiter zur Schule zu gehen, um einen höheren allgemeinbildenden Abschluss zu erwerben (Gaupp/Lex/Reißig 2010: 17). Schon deshalb, aber auch weil generell in der Berufsausbildung die theoretischen Anforderungen wachsen, darf bei einer verbesserten Berufsorientierung bzw. bei einem verstärkten Praxis- oder Berufsbezug der Hauptschule die Verbesserung der Allgemeinbildung nicht vernachlässig werden. Das Ziel ist eine Verbesserung von Abschlüssen und Anschlüssen, also alle Jugendlichen mindestens auf ein Kompetenzniveau zu bringen, das ein Gelingen von Anschlüssen ermöglicht, die den Zielen und Potenzialen der Jugendlichen entsprechen.

An zwei Standorten der *Förderinitiative* durchgeführte Schulbefragungen zeigen, dass Schulen der Sekundarstufe I ihren Schülerinnen und Schülern ein breites Angebot von Orientierungs- und Fördermaßnahmen (Bewerbungstraining, Berufswegebegleitung, Betriebspraktika usw.) zur Vorbereitung auf die Übergänge am Ende der Schulzeit unterbreiten und dabei mit einer Vielzahl von externen Partnern kooperieren. Die Befragungen ergaben allerdings auch große Unterschiede zwischen den Schulen, was das Vorhalten solcher Angebote und den Umfang von dabei praktizierten Kooperationen mit Dritten betrifft.

An denselben Standorten durchgeführte Längsschnittuntersuchungen zu den Bildungs- und Ausbildungswegen der Absolventinnen und Absolventen ergaben weiterhin große Unterschiede zwischen Schulen bei den Anschlussplänen der Schüler/innen und bei den von ihnen tatsächlich realisierten Anschlüssen, Unterschiede, die mit der Zusammensetzung der Schülerschaft der Schulen nicht abschließend erklärt werden konnten.

Fallstudien zu den Strategien der Schulen zur Vorbereitung ihrer Schüler/innen auf die Übergänge belegten Zusammenhänge zwischen diesen Strategien, den von den Schülerinnen und Schülern verfolgten Anschlussplänen und den von ihnen tatsächlich erreichten Anschlüssen. So haben die Einschätzungen der Schulleitungen zum Leistungspotenzial ihrer Schüler/innen den Charakter einer sich selbst erfüllenden Prophezeiung: Werden ihnen gute Anschlüsse zugetraut, dann haben sie auch bessere Chancen, diese zu erreichen. Werden die Potenziale eher skeptisch beurteilt, dann werden direkte Anschlüsse in Ausbildung und in weiter führende Schulen eher unwahrscheinlich. Neben den Einschätzungen der Schulleitungen zum Leistungspotenzial liegt ein zweiter Erfolgsfaktor darin, dass verschiedene Aktivitäten zur Berufsorientierung von der Schule zu einem konsistenten, systematischen Programm gebündelt werden (Hofmann-Lun/Geier 2008: 111–131).

SCHULE ALS AUSGANGS-PUNKT FÜR EINE VERBESSE-RUNG VON ABSCHLÜSSEN UND ANSCHLÜSSEN IM ÜBER-GANG SCHULE – BERUFSAUS-BILDUNG

An fast allen Standorten des regionalen Übergangsmanagements werden Schulen zum Ausgangspunkt genommen für Strategien zur Verbesserung der Übergänge der Schulabsolventinnen und -absolventen. Von den Vorhaben dabei schwerpunktmäßig verfolgte Strategien bzw. Strategiekomponenten sind:

- das Anstoßen von Prozessen der Schulentwicklung;
- die Abstimmung von Beratungs- und Begleitangeboten, durch die Schüler/innen von der Schule in Ausbildung gelotst werden;
- die verbesserte Beteiligung von Eltern bei der Unterstützung von Übergangsverläufen;
- das Einbeziehen der beruflichen Schulen in das Übergangsmanagement.

Die vier aufgelisteten Strategien bzw. Strategiekomponenten werden an den Standorten der *Förderinitiative* in vielfältiger Weise kombiniert und verknüpft. Die hier vorgenommene analytische Trennung dient dem Ziel eines besseren Verständnisses der jeweils spezifischen Anforderungen und Gelingensbedingungen.

Regionales Übergangsmanagement und Prozesse der Schulentwicklung

Die Vorbereitung der Schüler/innen auf den Erwerb des Schulabschlusses und auf den Übergang in Ausbildung wird durch landeseinheitliche Lehrpläne geregelt. Gleichwohl liefern Schulvergleiche Hinweise auf Unterschiede in der Art und Qualität der Vorbereitung nicht nur innerhalb eines Bundeslandes sondern auch innerhalb derselben Kommune. Vor diesem Hintergrund hat die überwiegende Mehrzahl der Standorte der *Förderinitiative* Schulen der Sekundarstufe I zum Ausgangspunkt genommen für die Einleitung von Prozessen einer integrierten Schulentwicklung.

Ausgangspunkt für die Initiierung von Prozessen einer integrierten Schulentwicklung war die Beobachtung, dass innerhalb einer Kommune die Qualität der Vorbereitung auf Abschlüsse und Anschlüsse stark variiert: Es gibt „Leuchtturmschulen" mit konsistenten Förderkonzepten, es gibt ein breites Mittelfeld, und es gibt Schulen, in denen die Qualität der Förderung eher skeptisch eingeschätzt wird. Regionales Übergangsmanagement stellt sich der Aufgabe, die Zahl der Schulen mit einem konsistenten Förderkonzept zu erhöhen. In dieser Situation war es wichtig, dass die Arbeitsstäbe in ihren Initiativen gegenüber Schulen in der Regel nicht „mit leeren Händen" kamen, sondern Arbeitsergebnisse und Produkte (Bestandsaufnahmen, Ergebnisse von Schülerbefragungen, Handreichungen, systematische Informationen über Zugänge zu Förderprogrammen) vorweisen konnten, die von den Schulen als nützlich und hilfreich wahrgenommen wurden. Diese Arbeitsergebnisse und Produkte dienten damit als Türöffner.

Bei ihren Aktivitäten zum Anstoß von Prozessen der Schulentwicklung griffen die Arbeitsstäbe die Konzepte und Erfahrungen ähnlicher Initiativen im Umfeld der *Förderinitiative* auf. Als prominentes Beispiel ist hier das Programm *SENTA! Schule, Entwicklung, Arbeit der Robert Bosch Stiftung* zu nennen.

> Bei der Initiierung von Prozessen einer integrierten Schulentwicklung stützten sich die Vorhaben zum Teil auf ein von der Robert Bosch Stiftung für das Programm SENTA! entwickeltes Konzept: „Davon ausgehend, dass viele Schulen bereits über ausgereifte Schulkonzepte verfügen und die Berufsorientierung zum Kern ihrer pädagogischen Arbeit gemacht haben, wiederum andere Schulen sich auf dem Weg dorthin begeben wollen, steht im Programm SENTA! der Transfer und Austausch zwischen Schulen mit unterschiedlichen Entwicklungsständen im Mittelpunkt. In einer im Jahr 2008 begonnenen zweijährigen Pilotphase arbeiten acht Mentorenschulen, die bereits nach ausgereiften Schulkonzepten arbeiten, mit 24 Projektschulen in acht Schulteams zusammen und lernen von- und miteinander. (…)
>
> In den Teams, die sich jeweils aus einer Mentorenschule und drei Projektschulen zusammensetzen, werden gemeinsam inhaltliche Schwerpunkte der Schulentwicklung festgelegt und Erfahrungen, Tipps sowie Lösungswege weitergegeben. (…) Gemeinsame Vorhaben und Themen, an denen die jeweiligen Schulen in ihren Teams arbeiten, sind beispielsweise die Weiterentwicklung der Elternarbeit im Prozess der Berufsfindung, Anbahnung und Ausbau der Kooperationen mit externen Partnern, Förderung der Kernkompetenzen in Deutsch und Mathematik, jahrgangsübergreifendes und selbstorganisiertes Lernen, die Unterstützung für Schüler/innen mit besonderem Förderbedarf oder die Entwicklung spezifischer Curricula zur Berufswahlorientierung ab Klasse 5" (Mahl 2010: 92–93).

Bei allen Unterschieden in den regionalen Rahmenbedingungen und dem Vorgehen der Arbeitsstäbe, lässt sich für die Strategien der Arbeitsstäbe im Feld der Schulentwicklung eine Reihe von Gemeinsamkeiten identifizieren:

- Ein erstes Kennzeichen des von den Standorten der *Förderinitiative* gewählten Vorgehens war, dass die Einleitung von Prozessen der Schulentwicklung in einem ersten Schritt mit einer kleineren Zahl von ausgewählten Kooperations- oder Modellschulen erprobt wurde, bevor ein Transfer auf weitere Schulen in Angriff genommen wurde.

- Ein zweites Kennzeichen war, dass – z.T. in expliziter Anlehnung an das *SENTA*-Konzept – Schulentwicklung als gemeinsamer Lernprozess von mehreren Schulen mit unterschiedlichen Entwicklungsständen organisiert wurde.

- Ein drittes Kennzeichen der von den Arbeitsstäben angestoßenen Prozesse der Schulentwicklung war, dass ihnen in der Regel ein Konzept von Bausteinen oder Elementen zugrunde lag, die in den Schulen systematisch verknüpft sein müssen, damit eine Vorbereitung auf Abschlüsse und Anschlüsse gelingen kann.

Im Rahmen seiner Konzeption zur Verbesserung der Übergänge durch Schulentwicklung hat der Standort Oberhausen in einem ersten Schritt in einer der vier Hauptschulen der Stadt das Projekt Perspektive Ausbildung und Arbeit *gestartet. Das Ziel ist die Verbesserung der Ausbildungsreife von bildungsbenachteiligten Jugendlichen.*

Das Konzept umfasst drei Säulen: Sozialtraining, Wegebegleitung und Ermittlung des individuellen Förderbedarfs. Umgesetzt wurde das Pilotvorhaben in Zusammenarbeit mit der Arbeitsagentur, einem Bildungsträger und der beteiligten Schule. In einem zweiten Schritt wird das Projekt den drei restlichen Hauptschulen der Stadt angeboten.

- Ein viertes Kennzeichen der Initiativen der Arbeitsstäbe war, dass Schulentwicklung als Prozess verstanden wurde, der nur in einem gemeinsamen Lernen von Schulleitung, Kollegium, z.T. auch den Eltern und sonstigen Kooperationspartnern, gelingen konnte. So war es ein relativ durchgängig praktiziertes Prinzip, an schulexternen Fortbildungsveranstaltungen nicht nur einzelne Lehr- oder Leitungskräfte einer Schule zu beteiligen sondern Teams, die gemeinsam das Gelernte in die Schule zurücktragen und dort umsetzen konnten.

- Ein fünftes Kennzeichen dieser Initiativen war, dass bei der Schulentwicklung in besonderer Weise eine systematische Kooperation mit Betrieben praktiziert wurde. Dabei reichte das Spektrum der Aktivitäten von der Organisation eines möglichst flächendeckenden Einsatzes von Betriebspraktika für Schüler/innen der Sekundarstufe I bis hin zur Stiftung von auf Dauer angelegten Lernpartnerschaften zwischen Schulen und Betrieben.

Abb. 6:
Startplatz Schule verbessern: Konzeptbausteine im *Regionalen Übergangsmanagement Stuttgart*

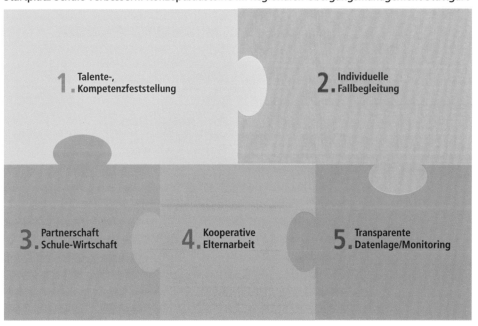

Quelle: Regionales Übergangsmanagement Stuttgart

Schulen sehen sich durch die Vielfalt unabgestimmter, zeitlich befristeter Unterstützungsangebote, die ihnen aufgedrängt werden, überfordert und bei der Entwicklung eigener, tragfähiger Schulkonzepte eher behindert.

Angesichts der Vielfalt von Programmen und Interventionen, mit denen Schulen der Sekundarstufe I, insbesondere Hauptschulen aber auch Sekundarschulen mit mehreren Bildungsgängen, aktuell konfrontiert sind, war es nicht überraschend, dass Initiativen der Arbeitsstäbe, durch das Anstoßen von Prozessen der Schulentwicklung den Beitrag von Schulen zum Gelingen von Abschlüssen zu verbessern, von den Schulen nicht an allen Standorten offensiv aufgegriffen wurden. Die Situation wurde vielfach als zwiespältig beschrieben: Einerseits wird angesichts der ungünstigen Anschlussperspektiven der Schulabsolventinnen und -absolventen ein großer Problemdruck konstatiert, der mit der Bereitschaft der Schulen einhergeht, einen Beitrag zu Problemlösungen zu leisten. Andererseits sehen sich die Schulen durch die Vielfalt unabgestimmter, zeitlich befristeter Unterstützungsangebote, die ihnen aufgedrängt werden, überfordert und bei der Entwicklung eigener, tragfähiger Schulkonzepte eher behindert.

Die Umsetzung von integrierter Schulentwicklung in Form eines extern unterstützten gemeinsamen Lernprozesses war so an den Standorten der *Förderinitiative* mit Schwierigkeiten und Hürden konfrontiert:

- Eine Schwierigkeit bestand darin, dass die Interventionen der Arbeitsstäbe des regionalen Übergangsmanagements in Schulen – eher als dies bei entsprechenden Aktivitäten der großen Stiftungen der Fall zu sein scheint – von der Schulaufsicht skeptisch beobachtet wurden. Hier war der Zugang leichter, wenn das Übergangsmanagement in einem Bildungsbüro angesiedelt war als beispielsweise beim Jugendamt.
- Ein zweites Hindernis waren Konkurrenzsituationen zwischen Schulen einer Region. Die Konkurrenzsituation zwischen Schulen wurde durch die demografische Entwicklung und die zeitgleich in mehreren Ländern stattfindende Entwicklung in Richtung auf eine Zweigliedrigkeit der Sekundarstufe I zusätzlich verschärft: Schulen, die ihre Existenz als gefährdet ansahen, fiel die Kooperation mit potenziellen Konkurrenten schwer.

Die Initiativen an den Standorten des *Regionalen Übergangsmanagements* belegen, dass Prozesse der Schulentwicklung nur gelingen können, wenn sie als gemeinsames Projekt vom gesamten Kollegium getragen werden. Ein Hindernis für ein solches Engagement liegt darin, dass das dafür benötigte Wissen bisher nur selten Gegenstand des Studiums von Lehramtstudentinnen und -studenten, der Ausbildung von Referendarinnen und Referendaren in der zweiten Ausbildungsphase und der

---

Um Lehrkräften eine gezielte Unterstützung ihrer Schüler/innen im Berufsorientierungsprozess zu ermöglichen, wurde das Thema „Professionalisierung" im Arbeitsforum Qualifizierung von Pädagogen des Regionalen Übergangsmanagements Leipzig aufgegriffen. Zielstellung war es, angehende Lehrkräfte frühzeitig für die Berufs- und Studienorientierung zu sensibilisieren. Es sollte ein Grundwissen zur Organisation der Berufs- und Studienorientierung in Sachsen vermittelt werden. Bereits in Schulen tätigen Lehrkräften sollte mit praktischen Fortbildungsangeboten die Gelegenheit gegeben werden, Einsichten und Erfahrungen in Unternehmen, Hochschulen und anderen Einrichtungen der Region zu gewinnen.

Die Professionalisierung für die Berufs- und Studienorientierung wurde mittels drei methodischer Kernelemente realisiert:

- **Vorlesungen und Seminare für Lehramtsstudierende der Universität Leipzig zur Entwicklungsaufgabe „Berufswahl"** sowie zur Organisation der Berufs- und Studienorientierung an sächsischen Schulen (semesterweise, beginnend ab dem Sommersemester 2009 mit je 40 angehenden Lehrkräften mit unterschiedlicher Fächerkombination; Umsetzung durch Vertreter/innen der Fakultät Erziehungswissenschaften der Universität Leipzig, der Koordinierungsstelle Regionales Übergangsmanagement Leipzig und der Sächsischen Bildungsagentur, Regionalstelle Leipzig)
- **Blockseminar für Lehramtsanwärter/innen im Referendariat „Von der Abschluss- zur Anschlussorientierung – der Auftrag der Schule zur beruflichen Orientierung"** (Umsetzungsbeginn November 2009 mit 14 Referendaren; Realisierung durch Regionalinitiative der Landesservicestelle Schule-Wirtschaft und Beraterin Berufswahlpass Westsachsen)
- **Fortbildung Innenansichten: Wirtschaft erleben. Lehrerfortbildung mit Unternehmenspraktikum** (jährliche Durchführung, Realisierung Juli und August 2009 mit vier Modulen und 16 Lehrkräften aus Mittelschulen, Gymnasien und Berufsschulzentren sowie 15 Unternehmen; Hauptorganisatoren: Koordinierungsstelle Regionales Übergangsmanagement Leipzig und Regionalteam der Landesservicestelle Schule-Wirtschaft)

Fortbildung von Lehrkräften ist. Erste Initiativen von Vorhaben der *Förderinitiative*, diese Themen in der Ausbildung von Lehrkräften zu verankern, sollten weitere Verbreitung finden.

Abstimmung und Qualifizierung von Begleitangeboten

Durch Programme des Bundes, der Länder, von Stiftungen, Kommunen und lokalen Initiativen wurden an allen Standorten der *Förderinitiative* Angebote einer kontinuierlichen Begleitung und Betreuung bildungsbenachteiligter Schüler/innen beim Erreichen des Schulabschlusses und beim Übergang in Berufsausbildung eingerichtet: *Berufeinstiegsbegleiter/innen, Übergangscoaches,* ehrenamtliche Mentorinnen und Mentoren oder Paten, Fallmanager/innen in *Kompetenzagenturen, Jugendmigrationsdiensten* usw. Gemeinsames Kennzeichen solcher Begleitangebote ist, dass sie für die Jugendlichen über einen längere Zeiträume hinweg Lotsenfunktionen auf dem Weg durch Bildungsgänge (Schule, Berufsvorbereitung, Ausbildung) erfüllen und Zugänge zu Unterstützungsangebo-

ten (z.B. Kompetenzfeststellung, Berufswahlpass, Berufsberatung, Bewerbungstraining, Betriebspraktika) eröffnen.

Entsprechend der Vielfalt von Verlaufsmustern der Übergänge bildungsbenachteiligter Jugendlicher von der Schule in Ausbildung aber auch der Konzeptionen für unterschiedliche Begleitangebote gibt es bei deren Ausgestaltung und organisatorischer Struktur eine große Bandbreite. An einzelnen Standorten der *Förderinitiative* werden Begleitangebote nur an einzelnen Schulen vorgehalten, für die wegen der Zusammensetzung der Schülerschaft ein besonderer Unterstützungsbedarf angenommen wird. In anderen Fällen sind Begleitangebote in der gesamten Kommune bzw. im gesamten Landkreis flächendeckend eingeführt. Die Dauer von Begleitangeboten ist je nach Projekt oder Programm unterschiedlich angelegt. Sie reicht von der Betreuung ausschließlich im letzten Schulbesuchsjahr bis zu einer mehrjährigen Begleitung von der Vorabgangsklasse bis in die Ausbildung hinein.

Ein wichtiges Kriterium für das Gelingen von Begleitangeboten sind gute Kontakte zu bzw. Erfahrungen im Umgang mit Ausbildungsbetrieben. Weiterhin sind Begleiter/innen auf eine gute Kooperation mit den allgemeinbildenden bzw. beruflichen Schulen angewiesen, in denen die Jugendlichen den überwiegenden Teil ihrer Zeit verbringen, um sicher zu stellen, dass die Begleitung nicht losgelöst vom schulischen Alltag stattfindet bzw. schulische Aktivitäten (Kompetenzfeststellung, Teilnahme an Betriebspraktika, Kooperation mit der Berufsberatung, Elternarbeit) nicht unabgestimmt verdoppelt werden. Insgesamt handelt es sich also bei Lotsenangeboten um ein sehr anspruchsvolles Leistungsprofil.

> Das Projekt SCHLAU am Standort Nürnberg hat zum Ziel, die Zahl der Hauptschulabsolventinnen und -absolventen, die direkt nach der Schule in die duale Ausbildung eintreten, deutlich zu erhöhen und Umwege zu vermeiden. Die Koordinierungsstelle SCHLAU moderiert die Übergänge und übernimmt eine Wegweiserfunktion. Vom Ende der 8. Jahrgangsstufe bis zur Einmündung in Ausbildung werden die Schüler/innen bei der Verbesserung ihrer Berufswahlentscheidungskompetenz, der Erstellung von Bewerbungsunterlagen sowie beim Finden eines Ausbildungsplatzes unterstützt. Die Personalreferentinnen und -referenten von rund 70 Partnerunternehmen führen als ehrenamtliche Unterstützer mit den Schülerinnen und Schülern Probebewerbungsgespräche und geben Rückmeldungen zur Qualität der eingereichten Bewerbungsunterlagen, dem Auftreten und die Argumente, mit denen der Berufswunsch untermauert wurde (Mahl 2010: 69).

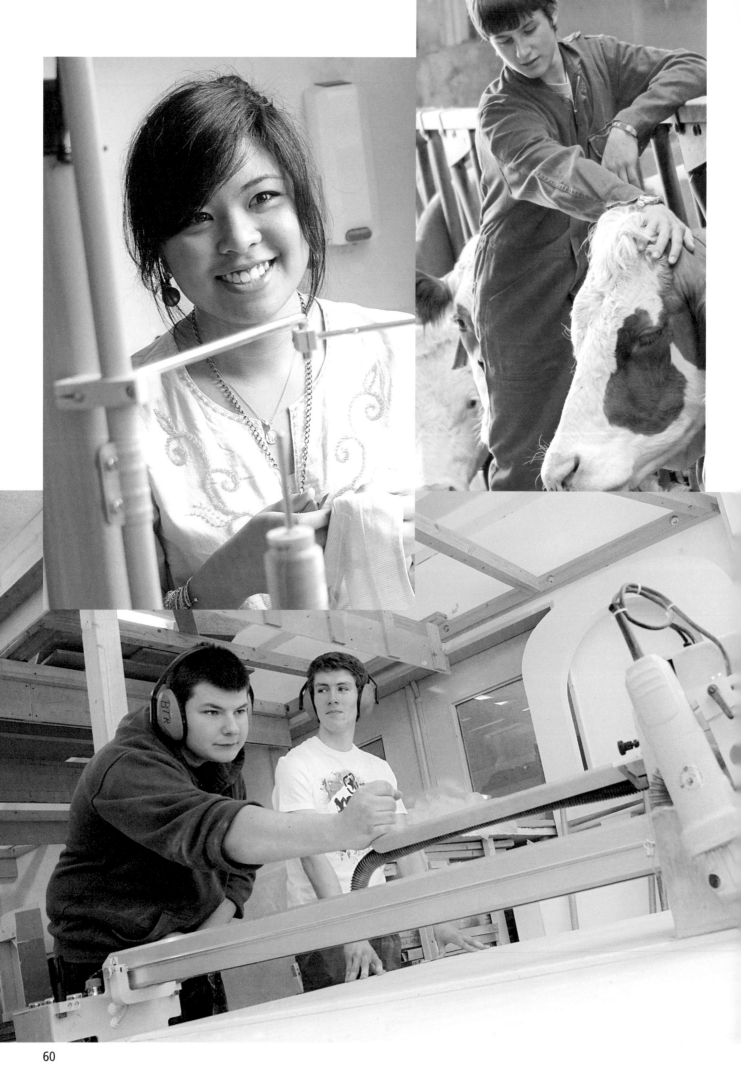

An fast allen Standorten der *Förderinitiative* lautet die Diagnose, dass es nicht an Begleitangeboten fehle, sondern an deren wirksamem Einsatz und einer präzisen Abstimmung zwischen den Angeboten: Die Vielfalt von Initiativen und Angeboten und die daraus resultierende Unübersichtlichkeit würden zum Problem der Schulen der Sekundarstufe I. Die stünden vor der Anforderung, aus der Breite des Angebots auszuwählen und eigene Leistungen mit denen von Dritten zu einem konsistenten Gesamtangebot zu bündeln. Insbesondere in den westdeutschen Ballungsräumen würden in einzelnen Schulen unterschiedliche Begleitprojekte um „knappe Schüler/innen" konkurrieren, während an anderen Schulen keine solchen Angebote vorgehalten würden. Auch werden hinsichtlich der in die Begleitung aufgenommenen Schüler/innen „Creaming-Effekte" vermutet: Eher angesprochen würden „pflegeleichte" Jugendliche, deren Begleitung erfolgsversprechend sei, während die Jugendlichen, die eine kontinuierliche Unterstützung benötigten, oft nicht erreicht würden.

Vor dem Hintergrund dieser skeptischen Diagnosen haben sich an einer Reihe von Standorten der *Förderinitiative Regionales Übergangsmanagement* kommunale Koordinationsstellen die folgenden Aufgaben gestellt:

- Sie haben begonnen, Transparenz über vorhandene Begleitangebote, deren Konzeptionen und Zielgruppen herzustellen. Dazu wurden Befragungen von Anbietern, Experten aber auch von Schüler/innen durchgeführt und deren Ergebnisse in Koordinationsgremien diskutiert und in Katalogen und Datenbanken dokumentiert.
- Auf dieser Basis wurden Kooperationsbezüge zwischen den relevanten Akteuren hergestellt: Anbieter von haupt- und ehrenamtlicher Begleitung, Fachkräfte und Mentoren, Eltern, Schulen, Betriebe, kommunale Ämter, Arbeitsagentur usw.
- In einem weiteren Schritt wurden die Angebote so „sortiert", dass

Schulen mit entsprechendem Unterstützungsbedarf erreicht werden, aber auch Überversorgung (Konkurrenz um „knappe Jugendliche" und gleichzeitige Begleitung durch mehrere unabgestimmte Angebote) vermieden wird.
- Weiterhin wurde begonnen, Begleitangebote dem individuellen Unterstützungsbedarf der Jugendlichen anzupassen und Abbrüche von Begleitprozessen (z.B. durch die Beendigung von zeitlich befristeten Programmen oder dem Ausfall ehrenamtlicher Begleiter/innen) zu verhindern.

Bei der Umsetzung dieser Schritte standen die Arbeitsstäbe des Regionalen Übergangsmanagements vor zwei zentralen Herausforderungen. Die erste Herausforderung war die effektive Verknüpfung von ehren- und hauptamtlichen Strukturen. Die zweite Herausforderung war die Integration neuer, in die Kommunen hineingetragener Bundes- und Landesprogramme.

Ehrenamtliche Begleiter/innen erhielten für ihre Arbeit eine entsprechende Qualifizierung und professionelle Begleitstrukturen. Sie erhielten ansprechbare Hauptamtliche. Durch hauptamtliche Kräfte wurde der organisatorische Rahmen abgesichert und ein Netzwerk von Fachleuten und Beratungsstellen bereitgestellt. Ehrenamtliche Begleiter/innen werden während ihrer Tätigkeit durch Hauptamtliche professionell begleitet und unterstützt. Zur Vorbereitung auf ihre Aufgaben und die mit diesen verbundenen Anforderungen nehmen sie an Einführungsseminaren teil und erhalten im weiteren Verlauf ihrer Tätigkeit regelmäßige Qualifizierungsangebote. Auch die Unterstützung von Patenschaften durch Formen der öffentlichen Anerkennung, eine versicherungstechnische Absicherung, Aufwandsentschädigungen, Supervision und Erfahrungsaustausch waren wichtige Rahmenbedingungen. Patenprogramme wurden in kommunale Netzwerke strukturell eingebettet.

Dann stellen sie ein ergänzendes Angebot zu professionellen Hilfsangeboten dar, das Lücken schließt und dazu beiträgt, aufwändigere Maßnahmen zu vermeiden bzw. andere professionelle Unterstützungshilfen zu einem möglichst frühen Zeitpunkt zu aktivieren und somit deren Erfolgsaussichten zu steigern (vgl. auch Mahl 2010: 71–78).

In Wilhelmshaven hat das regionale Übergangsmanagement die Agentur für Arbeit bei der Einführung von Job-Paten *unterstützt. Gestartet wurde mit zunächst vier* Job-Paten *in einer Schule in Wilhelmshaven; Ziel ist es aber nach und nach so viele Paten zu gewinnen, dass jede Schule in der Region unterstützt werden kann.*
Im Rahmen einer Arbeitsgruppe wurde ein Qualifizierungskonzept entwickelt, das die Job-Paten *umfassend auf ihre Tätigkeit vorbereitet und ihnen aktuelle Informationen zum Thema Jugendliche und Berufsfindung vermittelt. In regelmäßigen Abständen soll unter den* Job-Paten *ein Erfahrungsaustausch stattfinden*

Eine andauernde Herausforderung für die 27 Vorhaben liegt darin, durch Bundes- und Landesinitiativen initiierte Begleitprogramme vor Ort zu einem stimmigen Konzept zu verbinden. Eine Reihe von Ländern hat sich diesem Problem gestellt und arbeitet (z.B. in Hessen und Sachsen in enger Kooperation mit den Standorten der *Förderinitiative*) an einer besseren Abstimmung von Programmen zwischen den verschiedenen Landesressorts, um die regionale Ebene nicht mit unabgestimmten und z.T. widersprüchlichen Anforderungen zu konfrontieren.

Am Standort Mülheim an der Ruhr gelang die Zusammenarbeit bei der Einführung der Berufseinstiegsbegleitung deshalb gut, weil es sich in Mülheim beim Anbieter der Berufseinstiegsbegleitung, dem Bildungswerk Mülheim e.V., um eine lokal verankerte Einrichtung handelt. In Mülheim sind außerdem die kommunalen Koordinierungsfunktionen im Bereich Übergang Schule – Beruf bereits stark ausgeprägt, weil die Fäden größtenteils im U 25-Haus zusammenlaufen. Die Berufseinstiegsbegleiter profitieren ferner von der Infrastruktur, die durch die Kompetenzagentur und vom Programm Zukunft fördern installiert wurde.

Auf einer Fachtagung im November 2009 in Kiel haben Vertreter/innen der Länder, des *Bundesministerium für Bildung und Forschung* und der *Bundesagentur für Arbeit* die Notwendigkeit einer besseren Abstimmung festgestellt und ihre Bereitschaft zu dieser Kooperation bekräftigt (vgl. dazu die Beiträge von Klug 2010, Haugg 2010 und Becker 2010 in: Lippegaus-Grünau/Mahl/Stolz 2010: 101–117).

Trotz dieser wichtigen Initiativen besteht auf der regionalen Ebene weiter Handlungsbedarf, dem sich die Standorte der *Förderinitiative* stellen. Dieser Handlungsbedarf betrifft den arbeitsteiligen Einsatz von Programmen, die Verteilung von Angeboten auf die Schulen, das Erreichen von Jugendlichen mit besonderem Unterstützungsbedarf, die gemeinsame Entwicklung von Qualitätsstandards, die gemeinsame Qualifizierung der Begleiter/innen aus unterschiedlichen Programmen und Projekten und die Schaffung von Orten, an denen eine Abstimmung zwischen den für unterschiedliche Programme zuständigen Akteure erfolgen kann.

In dem Maße, in dem es gelingt, Übergangswege zu vereinfachen und zu verkürzen (wie dies beispielsweise im *Hamburger Übergangskonzept* intendiert ist), könnte sich der Bedarf an längerfristig angelegten und ganze Schulklassen umfassende Begleitangeboten verringern und eine Orientierung an spezifischen Bedarfen (einerseits an typischen Bruchstellen in Übergangsverläufen, andererseits bei Jugendlichen mit einem spezifischen Unterstützungsbedarf) an Gewicht gewinnen. Dadurch könnten die derzeit gravierenden Abstimmungsprobleme bei den Begleitangeboten auf der regionalen Ebene sich teilweise

auflösen. Letztendlich wird der Umfang der Anforderungen an regionales Übergangsmanagement dadurch bestimmt, ob es überregionalen Akteuren gelingt, ihre Aktivitäten besser abzustimmen, als dies bisher der Fall ist.

Elternbeteiligung

Nachdem lange Zeit die Bedeutung der Eltern beim Gelingen der Übergänge von der Schule in Ausbildung eher als gering eingeschätzt wurde, haben Forschungsergebnisse der letzten Jahre die Aufmerksamkeit auf die Wichtigkeit gelenkt, die Jugendliche den Wünschen der Eltern bei Entscheidungen über Anschlüsse nach dem Pflichtschulbesuch und der Familie generell als Ort von Austausch und Beratung über den weiteren Bildungs- und Ausbildungsweg zuweisen. Dabei sind Gruppenunterschiede auffallend: Jugendliche aus Zuwandererfamilien – insbesondere junge Migrantinnen und Migranten der ersten Zuwanderergeneration – wollen bei der Berufswahl besonders häufig den Wünschen der Eltern gerecht werden. Gleichzeitig wissen sie aber auch, dass ihren Eltern in der Regel präzise Informationen über das deutsche Bildungs- und Ausbildungssystem fehlen (Gaupp/Lex/Reißig/Braun 2008).

Die Absicht, Eltern an der Gestaltung der Übergänge ihrer Kinder systematisch zu beteiligen, findet sich in der Antragsprogrammatik fast aller Standorte der *Förderinitiative*. Für eine Übersetzung in konkrete Handlungsstrategien sind erste Schritte unternommen worden.

Am Standort Fürstenwalde wurde ein Informationsangebot für Eltern und Jugendliche in der Kulturfabrik zum Thema Berufswahl mit verschiedenen Modulen (Bewerbungsmappe erstellen und/oder von Experten checken lassen, Gesprächsmöglichkeiten mit Ausbildern, Vorbereitung auf das Bewerbungsgespräch, Vorstellung von Online-Bewerbungstests u.ä.) eingerichtet.

Unterstützung erhält das Übergangsmanagement vom Eltern-Jugendlichen-Ratschlag. In diesem sind engagierte Eltern und Jugendliche vertreten, die dem Projekt über die restliche Laufzeit beratend zur Seite stehen. Der Ratschlag, den man gewissermaßen als fachlichen Beirat der originär Betroffenen bezeichnen kann, trifft sich regelmäßig (alle vier bis sechs Wochen) mit den Projektmitarbeiterinnen und -mitarbeitern.

Jugendliche aus Zuwandererfamilien – insbesondere junge Migrantinnen und Migranten der ersten Zuwanderergeneration – wollen bei der Berufswahl gern den Wünschen der Eltern gerecht werden.

Ein konkreter erster Schritt bestand in der Regel darin, sich einen Überblick über die Sichtweisen der Jugendlichen auf die Rollen ihrer Eltern, deren Unterstützungspotenzial und mögliche Vorgehensweisen mit dem Ziel einer stärkeren Beteiligung der Eltern bei der Gestaltung der Übergänge zu verschaffen. Eine Informationsquelle dafür waren Schülerbefragungen, in die häufig Fragen nach wichtigen Ratgebern im Übergang einflossen. Informationen zum Unterstützungspotenzial der Eltern konnten demgegenüber nur in aufwändigeren Erhebungen gewonnen werden, die nur in einer kleineren Zahl von Vorhaben durchgeführt wurden.

An allen Standorten wurden die von den Jugendlichen besuchten allgemeinbildenden Schulen als die Orte identifiziert, an denen eine Beteiligung der Eltern an der Gestaltung der Übergänge beginnen muss. Aus den Schulen gab es gleichzeitig auch die Beobachtung, dass mit den Standardverfahren der schulischen Elternarbeit (Elternabende, Sprechstunden) in der Regel die Eltern nicht erreicht wurden, deren Kinder in besonderer Weise auf eine systematische Unterstützung des Übergangs angewiesen waren.

Vor diesem Hintergrund befindet sich das Thema Elternbeteiligung in der *Förderinitiative* in der Phase der Ausarbeitung und Konkretisierung von Handlungskonzepten. In diesen werden folgende Schwerpunkte gesetzt:

Eine systematische Elternarbeit wird als ein zentraler Bestandteil einer integrierten Schulentwicklung definiert. Unter Nutzung von Erfahrungen aus der Arbeit mit schulmüden Kindern und Jugendlichen werden Verfahren einer aufsuchenden und aktivierenden Elternbeteiligung (Hausbesuche, Abschluss von Kooperationsverträgen zwischen Eltern, Kindern und der Schule) erprobt. An fünf Standorten der *Förderinitiative* – in Kiel, Marburg, Saarbrücken, Dortmund und Leipzig – wird im Rahmen eines Begleitprogramms der interkulturelle Ansatz des *Projekts MOZAIK* implementiert.

Um die Kooperation zwischen Schulen und Eltern und die Beteiligung der Eltern am Schulleben zu verbessern, werden Schulveranstaltungen (Elternabende, Schulfeste, Arbeitsgemeinschaften) in einen stärkeren Einklang mit den Lebensumständen der Familien gebracht.

Auch beim Thema Elternarbeit bestätigt sich, dass ein Mangel an Informationen (in diesem Fall über die Lebensumstände bildungsferner Familien) ein Hindernis für die Entwicklung von wirksamen Strategien zu einer besseren Unterstützung von Übergangsverläufen darstellt. Umgekehrt konnte die (neue) Verfügbarkeit solcher Informationen auch zum Auslöser neuer Initiativen werden: Nachdem beispielsweise eine Schülerbefragung die große Bedeutung der Unterstützung durch die Elternhäuser für das Gelingen der Übergänge in Ausbildung belegt hat (Gaupp/Prein 2007: 60), hat der Stuttgarter Gemeinderat per Beschluss die Ämter der Stadt beauftragt, Wege zu entwickeln, bildungsferne Familien in ihrer Kompetenz für die Unterstützung ihrer Kinder im Übergang Schule – Berufsausbildung zu stärken.

Am Standort Hoyerswerda sind die Kreiselternräte in das regionale Übergangsmanagement eingebunden und werden in die Arbeitsgruppen thematisch integriert. Das Problem, jene Eltern anzusprechen, deren soziale oder familiale Situation auch ihren Kindern in der Schule Probleme bereitet, sieht allerdings auch der Elternrat darin, dass man mit Einladungen diese Eltern nicht erreicht.

Am Beispiel der Elternarbeit zeigt sich aber auch an den Standorten der *Förderinitiative*, dass grundsätzliche Verbesserungen der Bildungs- und Ausbildungschancen von Kindern und Jugendlichen aus bildungsfernen Familien ein systematisches Herangehen und Zeit benötigen. Dies gilt insbesondere für die Verbesserung der Zusammenarbeit zwischen Schulen und Eltern. Für eine bessere Zusammenarbeit gibt es an den Standorten der *Förderinitiative* (und darüber hinaus) eine Vielzahl an guten Beispielen (Reißig/Schreiber 2011). Deren Übertragung auf andere Schulen oder gar eine flächendeckende Verbreitung auf alle Schulen eines Standorts kann nur in systematischen Prozessen der Schulentwicklung gelingen und erfordert Zeit und ein unterstützendes Umfeld. In der *Förderinitiative* hier eine schnelle Verbreitung wirksamer Problemlösungen zu erwarten, wäre unrealistisch.

63

Kennzeichnend für die beruflichen Schulen ist ein Missverhältnis zwischen ihrer Bedeutung im Übergangssystem und dem Grad ihrer Beteiligung am regionalen Übergangsmanagement.

Berufliche Schulen im regionalen Übergangsmanagement

Quantitativ stellen Bildungsgänge an beruflichen Schulen neben der betrieblichen Berufsausbildung das bedeutsamste Segment des Ausbildungssystems dar.

Dies sind:
- die zwischen Schule und regulärer Berufsausbildung angesiedelte Berufs(ausbildungs)vorbereitung von einjähriger Dauer, meist als Berufsvorbereitungsjahr (BVJ) bezeichnet;
- berufsschulische Bildungsgänge von zweijähriger Dauer, in denen Fähigkeiten, Fertigkeiten und Kenntnisse in einem Beruf oder Berufsfeld vermittelt werden, die aber nicht zu Ausbildungsabschlüssen führen, die denen einer betrieblichen Berufsausbildung vergleichbar sind;
- Ausbildungsgänge entweder in Berufen, in denen nur schulisch ausgebildet wird (Erzieher/in, Kinderpfleger/in, Assistentenberufe), aber auch in Berufen, in denen überwiegend betrieblich ausgebildet wird, und für die bei einer schulischen Ausbildung der Erwerb eines anerkannten Ausbildungsabschlusses an die Zulassung zur Kammerprüfung gebunden ist.

Kennzeichnend für die beruflichen Schulen ist ein Missverhältnis zwischen ihrer Bedeutung im Übergangssystem, ihrem Beitrag zur Gestaltung der Bildungs- und Ausbildungswege Jugendlicher und dem Grad ihrer Beteiligung am regionalen Übergangsmanagement. Ihr potenzieller Beitrag zu einem wirksamen regionalen Übergangsmanagement findet nur wenig öffentliche Beachtung (etwa im Vergleich zur Diskussion um die Hauptschulen). Dies gilt zwar auch für die Mehrzahl der Standorte der *Förderinitiative*. Davon gibt es zwei wichtige Ausnahmen:

Das sind einmal Standorte der *Förderinitiative* in Nordrhein-Westfalen, an denen die verfügbaren Daten über den Verbleib von Absolventinnen und Absolventen der Haupt- und Realschulen darauf hinweisen, dass ein Besuch vollzeitschulischer Qualifizierungsgänge an Berufskollegs der quantitativ wichtigste Anschluss nach dem 9. oder 10. Schuljahr darstellt. Gleichzeitig wurde deutlich, dass es weder über die Wege Jugendlicher durch unterschiedliche Qualifizierungsgänge im Berufskolleg noch über Anschlüsse nach Verlassen der Berufskollegs belastbare Informationen gibt. Darum werden in einem ersten Schritt gezielt Daten zu den Bildungs- und Ausbildungswegen der Kollegschüler/innen erhoben. In einem zweiten Schritt wird auf der Grundlage dieser Daten in enger Zusammenarbeit mit den Kollegs der Frage nachgegangen, wie Wege effektiver gestaltet, Umwege vermieden und Abbrüche verhindert werden können.

Einen zweiten Zugang einer Fokussierung des Übergangsmanagements auf die beruflichen Schulen bilden Verbleibsuntersuchungen an zwei Standorten der *Förderinitiative* zu den Teilnehmerinnen und Teilnehmern an der schulischen Berufsausbildungsvorbereitung. Hier zeigen die Daten, dass an dem untersuchten westdeut-

Abb. 7:
Anschlüsse nach der schulischen Berufsvorbereitung im Vergleich zweier Standorte der Förderinitiative

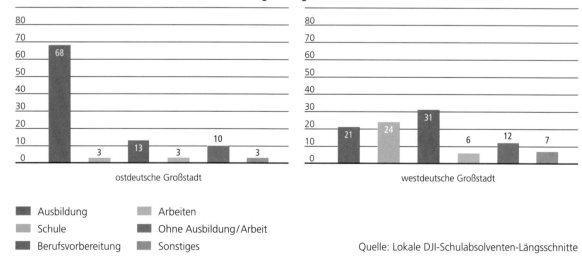

Quelle: Lokale DJI-Schulabsolventen-Längsschnitte

schen Standort eine Einmündung in Ausbildung nur von jeder/m Fünften erreicht wird, während jede/r Dritte in ein zweites berufsvorbereitendes Angebot einmündet. Das wurde zum Anlass genommen, die Anschlüsse nach der schulischen Berufsausbildungsvorbereitung zum Gegenstand des Übergangsmanagements zu machen.

An den Standorten in Nordrhein-Westfalen ist das Einbeziehen der beruflichen Schulen ins Übergangsmanagement ein aktuell laufender Prozess. Eine Längsschnittuntersuchung in den Berufskollegs des Landkreises Gütersloh wird derzeit umgesetzt. Andere Standorte haben bereits eine Reihe von Schritten zur Kooperation mit den Berufskollegs eingeleitet. Es bestätigt sich, dass für die Gestaltung von Übergängen Berufskollegs eine Schlüsselrolle haben.

Ein Entwicklungsziel des Dortmunder Übergangsmanagements ist die bessere Positionierung der Berufskollegs als Regionale Berufsbildungszentren. Als wichtige Akteure im Übergangssystem sind sie als aktive Partner in das Übergangsmanagement integriert und werden verstärkt in Entscheidungsprozesse eingebunden. Es gibt regelmäßig gemeinsame Arbeitsgespräche und Veranstaltungen mit dem Bildungsbüro, aber auch mit der Agentur für Arbeit. Die Berufskollegs sind inzwischen in allen relevanten Gremien vertreten. Mit den lokalen und regionalen Facharbeitskreisen (AG Jugendberufshilfe, Regionalagentur, Dritter Weg etc.) gibt es einen regelmäßigen Informationsaustausch. Die Zusammenarbeit von allgemeinbildenden Schulen und Berufskollegs wurde deutlich intensiviert – hilfreich war dabei die gemeinsame Arbeit am Dortmunder Berufswahlpass.

Die an anderen Standorten gestarteten Initiativen zur Verbesserung der Anschlüsse an die schulische Berufsausbildungsvorbereitung verweisen auf die Notwendig eines die einzelnen Institutionen übergreifenden Vorgehens. Wenn Anschlussmöglichkeiten in Ausbildung fehlen, droht Berufsausbildungsvorbereitung in eine Negativspirale zu geraten: Weil Anschlüsse ungewiss sind, ist die Motivation der Teilnehmer/innen gefährdet, was die Wahrscheinlichkeit gelingender Anschlüsse weiter verringert. Eine Lösung des Problems auf dem Weg einer „Ausbildungsgarantie", wie sie jetzt am Standort Hamburg angestrebt wird, erfordert ein Institutionen übergreifendes Vorgehen.

Gender Mainstreaming und Cultural Mainstreaming

An Standorten der *Förderinitiative* erhobene Informationen zu den Berufswünschen der Schulabsolventinnen und -absolventen zeigen, dass sich die Berufswünsche zwischen den Geschlechtern stark unterscheiden. Große Unterschiede gibt es auch bei den Platzierungen in Ausbildung. Insbesondere für Absolventinnen der Haupt-

schule – und verstärkt noch einmal bei den jungen Frauen mit Migrationshintergrund – konzentrieren sich die Einmündungen in Ausbildung auf ein eng eingegrenztes Spektrum von „typischen Frauenberufen". Vor dem Hintergrund der demografischen Entwicklung und des erwarteten Fachkräftemangels, werden Initiativen benötigt, das Berufswahlspektrum von Mädchen (wie auch von Jungen) zu erweitern und junge Frauen für eine Ausbildung z.B. in qualifikatorisch anspruchsvollen technischen Ausbildungsberufen zu gewinnen. An den Standorten der *Förderinitiative* befinden sich solche Initiativen bisher noch in der Startphase (so gibt es in Stuttgart einen entsprechenden Beschluss des Gemeinderats). Mit der Implementierung des Programms *STARTKLAR* an den Standorten in Nordrhein-Westfalen soll eine substantielle Verbesserung der Berufsorientierung in den Hauptschulen in diese Richtung erfolgen.

Bisher ebenfalls eher unbefriedigend stellt sich die Situation auch bei der Verbesserung der Vorbereitung von Jugendlichen mit Migrationshintergrund auf Abschlüsse und Anschlüsse dar. Die Bestandsaufnahmen an den Standorten der *Förderinitiative* belegen das Fortbestehen von einer Reihe von kritischen Schwachstellen bei der Vorbereitung von Jugendlichen mit Migrationshintergrund auf den Übergang in Ausbildung:

- Jugendliche mit Migrationshintergrund erreichen häufiger keinen Schulabschluss.
- Jugendliche aus Aussiedlerfamilien finden bei vergleichbar hoher Ausbildungsmotivation seltener einen direkten Zugang zu Ausbildung als Jugendliche deutscher Herkunft.
- Jugendliche mit dem Herkunftsland Türkei streben seltener eine betriebliche Ausbildung an, wobei diese Präferenz teilweise hohen Bildungsaspirationen, teilweise auch einer unzureichenden Kenntnis des Ausbildungssystems geschuldet ist.

Es gibt an den Standorten für diese Schwachstellen ein großes Problembewusstsein. Konsistente Strategien, im Rahmen des Übergangsmanagements solche Benachteiligungen abzubauen, sind in Vorbereitung. Stichworte sind Sprachförderung, Organisation von Patenschaften oder Mentoring und die Verbesserung der Elternbeteiligung.

Für Paten- und Mentorenprogramme gibt es eine gut etablierte Praxis des Einsatzes von qualifizierten Frauen bzw. von Fachkräften mit Migrationshintergrund, die für die betreuten Jugendlichen eine Vorbildfunktion übernehmen können. Allerdings können ehrenamtliche Angebote allein diesen Bedarf nicht abdecken.

Bei der Begleitung und Betreuung von Jugendlichen durch hauptamtliche Fachkräfte wird – anders als bei ehrenamtlichen Modellen – der Passung zwischen Begleitern und Begleiteten weniger Aufmerksamkeit gewidmet. Hier wird unterstellt, dass eine Passung schon durch die Professionalität der Fachkräfte gewährleistet wird. Ob dies tatsächlich regelmäßig der Fall ist, bedarf einer weiteren Überprüfung. Insgesamt werden mehr Qualifizierungsangebote benötigt, die Begleiter/innen zu einer „gender-sensiblen" und „kulturell-sensiblen" Erfüllung ihrer Aufgaben befähigen.

Am Standort Marburg wurden (in Kooperation mit regionalen Migrantenorganisationen) zahlreiche Angebote zur Förderung der interkulturellen berufsbezogenen Elternarbeit organisiert und durchgeführt. Hier sind insbesondere zweisprachige Elterninformationsabende an einer „Modellschule" des Vorhabens zu nennen. So fand ein Elternabend für die siebten Hauptschulklassen statt mit dem Ziel, die Eltern über die anstehende Phase der schulischen Berufsorientierung zu informieren und sie für ihre wichtige Rolle in diesem Prozess zu sensibilisieren. In einer zweiten Veranstaltung wurden Eltern der achten Hauptschulklassen über Fragestellungen am Übergang Schule-Beruf informiert. An sechs Tischgruppen unterstützten Expert/inn/en aus verschiedenen Bereichen (Kompetenzagentur; Bildungsträger; Industrie; Auszubildende, die ehemals die Schule besucht haben; DRK und Lehrkräfte) die Beratung der Eltern und standen für informelle Gespräche zur Verfügung. An jedem Tisch waren zudem vom Büro für Integration des Landkreises vermittelte türkischsprachige Übersetzer/innen eingesetzt, so dass sprachliche Barrieren aufgelöst werden konnten. Die Schüler/innen waren ebenfalls in die Organisation der Veranstaltung eingebunden, indem sie zur Eröffnung die Ergebnisse einer Projektwoche vorstellten und für das leibliche Wohl der Gäste sorgten.

An diesen Erfahrungen anknüpfend konzipierte der Arbeitsstab des Regionalen Übergangsmanagements eine Fortbildungsreihe für Lehrkräfte zur berufsbezogenen Elternarbeit, um weitere Schulen für neue Formen der Elternbeteiligung am Übergang Schule-Beruf zu sensibilisieren und zu gewinnen. Die Reihe umfasste vier inhaltliche Module, in denen mit Unterstützung externer Expertinnen und Experten aus Wissenschaft und Praxis umfassende Kenntnisse vermittelt wurden. Ziel der Veranstaltung war es, die Lehrkräfte anzuleiten, konkrete Projekte zur Durchführung an den Schulen zu entwickeln.

Wenn von der Notwendigkeit einer besseren Beteiligung der Eltern bei der Unterstützung der Übergänge ihrer Kinder in Ausbildung die Rede ist, dann sind – zumindest an den Standorten in Westdeutschland – in der Regel Familien mit Migrationshintergrund gemeint. Andererseits gerät leicht aus dem Blick, dass auch bei Jugendlichen aus Familien deutscher Herkunft das Unterstützungspotenzial der Eltern häufig gering und die Zusammenarbeit zwischen Schule und Eltern unbefriedigend ist. Insofern können Mängel in der Zusammenarbeit zwischen Schulen und Eltern nicht einfach mit „kultureller Distanz" erklärt werden. Diese überlagert häufig nur die

in der sozialen Herkunft der Schülerinnen und Schüler begründete soziale Distanz zwischen Schulen und Elternhäusern.

Programmatisch wird an den Standorten der *Förderinitiative* die Bedeutung der Kooperation mit Migrantenorganisationen und Elternverbänden für eine verbesserte Beteiligung von Eltern mit Migrationshintergrund am Schulleben und an der Gestaltung der Bildungs- und Ausbildungswege ihrer Kinder betont. Tatsächlich gibt es solche Kooperationen an den meisten westdeutschen Standorten der *Förderinitiative*. Welche Qualität diese Kooperationen und welche Effekte sie unter welchen Voraussetzungen für die Zusammenarbeit zwischen Schulen und Eltern und schließlich für das Gelingen der Übergänge von deren Kindern haben, diesen Fragen muss weiter nachgegangen werden.

Charakteristisch für viele Qualifizierungsgänge an beruflichen Schulen ist deren Segmentierung nach Geschlecht. Sowohl die zweijährigen Bildungsgänge ohne anerkannten Abschluss als auch die schulischen Ausbildungsgänge mit Abschlüssen nach Landesrecht sind Domänen der jungen Frauen, und – so ist zu vermuten – zu hohen Anteilen junger Frauen mit Migrationshintergrund. Die an Standorten in Nordrhein-Westfalen begonnenen Erhebungen und Analysen werden Ausschluss darüber bringen, welche dieser Wege Zugänge zu marktfähigen Abschlüssen eröffnen und wo Umwege und Sackgassen liegen, in denen junge Frauen ihre in den allgemeinbildenden Schulen erworbenen Bildungsvorsprünge einbüßen.

Leitlinien
Schritte zur Verbesserung der Angebotsstruktur des Übergangssystems

Regionales Übergangsmanagement erkennt die Schlüsselrolle von allgemeinbildenden und beruflichen Schulen für das Gelingen von Übergängen und nimmt diese zum Ausgangspunkt für Schritte zur Gestaltung von Übergängen:

- Schulen machen den Unterschied für das Gelingen von Übergängen. Eine Stärkung von Schulen für diese Aufgabe erfordert präzise Diagnosen der Stärken und Schwächen einzelner Schulen bei der Vorbereitung ihrer Schüler/innen auf den Erwerb von Abschlüssen und das Gelingen von Anschlüssen. Damit solche Diagnosen ertragreich sind und Konsequenzen haben können, müssen die Schulen an ihrer Erstellung aktiv beteiligt werden.
- Die Länder tragen Verantwortung für die Leistungen der Schulen und deren Entwicklung. Eine Gestaltung von Übergängen, die bei den Schulen ansetzt, ist auf Kooperation mit der zuständigen Landesebene angewiesen.
- In Kooperationen mit Dritten verbessern Schulen die Vorbereitung ihrer Schüler/innen auf Übergänge. Kooperationspartner leisten ihren Beitrag gemeinsam mit den Schulen, nicht etwa anstelle der Schulen oder für die Schulen. Die Verantwortung der Schulen muss selbstverständlich fortbestehen.
- Die schulische Vorbereitung auf Übergänge gelingt, wenn Schulen über konsistente und umfassende Förderkonzepte verfügen. Solche Förderkonzepte sind Ergebnis eines vom gesamten Kollegium getragenen Prozesses der Schulentwicklung. Für Schulentwicklung ist externe Unterstützung hilfreich. Dafür kann auf erprobte Konzepte (z.B.: *SENTA!*) zurückgegriffen werden.

- Im Vergleich zu den Schulen der Sekundarstufe I finden die Beitragspotenziale der beruflichen Schulen zum Gelingen von Übergängen bisher nicht ausreichend Beachtung. Auch sind berufliche Schulen bisher häufig an bestehenden Strukturen und Verfahren der Kooperation und Koordination nicht beteiligt. Für das Einbeziehen der beruflichen Schulen in Prozesse des Übergangsmanagement gilt, was für die Schulen der Sekundarstufe I bereits gesagt wurde: Sie sollten an der Durchführung von Diagnosen zu ihrem Beitrag zum Übergangsgeschehen von vornherein beteiligt werden. Prozesse der Schulentwicklung sollten unter aktiver Beteiligung der Kollegien implementiert werden. Die Beteiligung der beruflichen Schulen am Übergangsmanagement in der Region bedarf einer engen Abstimmung mit der Landesebene.
- Zeitlich befristete Programme des Bundes, der Länder und von Stiftungen sind kennzeichnend für die Struktur des Systems ergänzender Förder- und Begleitangebote im Übergang Schule – Berufsausbildung. Regionales Übergangsmanagement muss diese systematisieren und an regionale Bedarfe und Rahmenbedingungen anpassen. Die Gestaltung solcher Programme muss dafür Spielräume und Mechanismen vorsehen. So sollte das regionale Übergangsmanagement an der Definition von Zielgruppen, an der Festlegung von Programmschulen, an der Auswahl von Anbietern und an der Evaluation von Projekten und Programmen beteiligt werden.
- Eltern sind aus Sicht ihrer Kinder wichtige Ratgeber und Partner bei der Gestaltung von Bildungs- und Ausbildungswegen. Regionales Übergangsmanagement muss Schulen dabei unterstützen, die Eltern für diese Anforderungen zu stärken und die Zusammenarbeit zwischen Schulen und Eltern zu verbessern. Über die Schulen hinaus sollten auch andere Orte des Zugangs zu den Eltern (Vereine, Mehrgenerationenhäuser, Elternverbände) für eine Verbesserung der Elternbeteiligung genutzt werden.
- Im Übergangssystem verfestigen sich Benachteiligungen von Jugendlichen mit Migrationshintergrund und werden Bildungsvorsprünge von Mädchen zu Benachteiligungen im Erwerbssystem. Schritte zur Verbesserung des Übergangssystems müssen diese Benachteiligungen überwinden helfen.

6 Anhang: Fallbeispiele

Bereits bei seinem Start konnte das Regionale Übergangsmanagement Leipzig auf Daten zu Übergangsverläufen Jugendlicher zurückgreifen. So werden seit 2007 bei Mittelschulabsolventinnen und -absolventen und seit 2009 bei Absolventinnen und Absolventen von Förderschulen in Längsschnittuntersuchungen die an den Schulbesuch anschließenden Bildungs- und Ausbildungswege aber auch die Aktivitäten in der Vorbereitung auf den Übergang untersucht.

REGIONALES ÜBERGANGSMANAGEMENT LEIPZIG

Leipzig ist mit gut 500.000 Einwohnern nach Berlin die bevölkerungsreichste Stadt Ostdeutschlands. Sie ist eines von sechs Oberzentren Sachsens und seit der Kreisgebietsreform vom 1. August 2008 Sitz des Direktionsbezirks Leipzig (in Nachfolge des Regierungsbezirkes Leipzig). In einer Studie der *Bertelsmann Stiftung* wird Leipzig als „aufstrebende ostdeutsche Großstadt mit Wachstumspotentialen" charakterisiert und für die Bevölkerungsentwicklung wird für den Zeitraum bis 2025 ein positives Wachstumssaldo prognostiziert.

Der Antrag für das Vorhaben *Regionales Übergangmanagement* wurde vom Bürgermeister und Beigeordneten für Jugend, Soziales, Gesundheit und Schule gestellt. Der Arbeitsstab für das Vorhaben ist als *Koordinierungsstelle* beim Jugendamt angesiedelt, besteht aus drei Mitarbeiterinnen und Mitarbeitern auf 2,75 Vollzeitstellen und verbindet sozialwissenschaftliche Kompetenzen mit Erfahrungen in der Benachteiligtenförderung. Diese Ansiedlung beim Jugendamt wurde von Kooperationspartnern z.T. skeptisch beurteilt, weil man dort die gebotene Neutralität bezweifelte. Diese anfängliche Skepsis wurde überwunden, indem diese Kooperationspartner konsequent in die Umsetzungsprozesse einbezogen wurden. Auch agierte der Arbeitsstab weitgehend unabhängig vom Jugendamt.

Ausgehend von der Diagnose, dass man es in Leipzig vor allem bei den Langzeitarbeitslosen (gerade auch bei den Jugendlichen) mit sehr verfestigten Karrieren zu tun hat, sollten auf verschiedenen Ebenen die Eingliederungsprozesse von Jugendlichen verbessert werden. Für drei Arbeitspakete wurden, jeweils zeitlich aufeinander aufbauend, folgende Hauptaufgaben definiert:

- Weiterentwicklung der schulischen Berufsorientierung (2008/2009)
- Steigerung der Effektivität von Übergangsmaßnahmen (2010/2011)
- Optimierung des Übergangs Jugendlicher von der Schule und dem Übergangssystem in Ausbildung oder Arbeit (2011).

Über diese konkreten Zielvorgaben der Stadt Leipzig sollte es gelingen, Strukturen und Abstimmungsprozesse für die Optimierung des Übergangsmanagements zu entwickeln.

In Leipzig existiert seit 1992 eine von der Industrie- und Handelskammer zu Leipzig initiierte *Koordinierungsrunde Berufliche Bildung*, die sich mit dem Übergang Schule – Ausbildung befasst und sich 14-tägig trifft. Mitglieder sind u.a.: die Kammern, die Agentur für Arbeit, der Träger der Grundsicherung, die Sächsische Bildungsagentur, das Schulverwaltungsamt und die Bundeswehr. Um den Aufbau von Parallelstrukturen zu vermeiden, wurde dieser *Koordinierungsrunde* die Funktion eines Abstimmungsgremiums auch für das regionale Übergangsmanagement angetragen. Der Arbeitsstab nimmt vierteljährlich an den Sitzungen der *Koordinierungsrunde* teil und gestaltet zu diesen Terminen deren Ablauf und die Themen. Dies sind auch die Gelegenheiten, bei denen Arbeitsplanungen und Ergebnisse aus den Arbeitsforen des regionalen Übergangsmanagements (s.u.) sowie von Datenerhebungen (z.B. Schulabsolventenlängsschnitte) vorgestellt werden. Auf Basis dieser durch den Arbeitsstab eingebrachten Informationen diskutiert die *Koordinierungsrunde* das weitere Vorgehen für das regionale Übergangsmanagement. Insofern setzt der Arbeitsstab zwar in der *Koordinierungsrunde* wichtige Impulse, kann diese aber nur begrenzt als Entscheidungs- und

Umsetzungsgremium nutzen. Die *Koordinierungsrunde Berufliche Bildung hat* für das regionale Übergangsmanagement eine Beiratsfunktion, behandelt das regionale Übergangsmanagement aber nicht als die zentrale kommunale Strategie, um durch Koordination und Kooperation das Übergangssystem zu verbessern.

Nicht zuletzt über diese Anbindung an die Landesebene konnten in Leipzig Bundesprogramme bedarfsgerecht umgesetzt werden, z.B. konnten Berufseinstiegsbegleiterinnen und -begleiter gezielt an Schulen eingesetzt werden, an denen es bis dahin vergleichbare Angebote nicht gab oder die einen erhöhten Bedarf signalisierten.

Bereits bei seinem Start konnte das *Regionale Übergangsmanagement Leipzig* auf Daten zu Übergangsverläufen Jugendlicher zurückgreifen. So werden seit 2007 bei Mittelschulabsolventinnen und -absolventen und seit 2009 bei Absolventinnen und Absolventen von Förderschulen in Längsschnittuntersuchungen die an den Schulbesuch anschließenden Bildungs- und Ausbildungswege aber auch die Aktivitäten in der Vorbereitung auf den Übergang untersucht. Die Ergebnisse werden regelmäßig in Gremien und vor Akteuren des Übergangssystems referiert. Sowohl die *Koordinierungsrunde Berufliche Bildung*, als auch der *Jugendhilfeausschuss der Stadt Leipzig* und die Gremien der ARGE diskutieren über die Anforderungen, die sich aus den Untersuchungsergebnissen ergeben. Diese bilden so eine wichtige Wissensbasis für alle drei zu bearbeitenden Arbeitspakete. Um auch nach Abschluss der Längsschnittuntersuchungen Aussagen zu den Übergängen Jugendlicher treffen zu können, erfolgte eine Einbindung ausgewählter Untersuchungsdimensionen der Absolventenstudien in die kommunale Jugendstudie sowie das kommunale Bildungsmonitoring.

Darüber hinaus hat der Arbeitsstab des *Regionalen Übergangsmanagements,* neben einer Onlinedatenbank zu Angeboten und Fördermöglichkeiten am Übergang Schule-Arbeitswelt, zwei Expertisen zum Stand und zu den

Entwicklungsoptionen von schulischen Konzepten zur Berufsorientierung in der Stadt Leipzig initiiert, die vom *Regionalteam der Landesservicestelle Schule-Wirtschaft Sachsen 2009 und 2011* erarbeitet wurden. Zum *Regionalteam* gehören die Beraterin Schule-Wirtschaft der *Sächsischen Bildungsagentur,* das Netzwerk *B.O.S.S.* (Berufliche Orientierung für Schüler und Studierende in Mitteldeutschland) und die Beraterin für den Berufswahlpass in Westsachsen. Die Expertisen geben einen Überblick über die Situation der Berufsorientierung an den Schulen und beschreiben den qualitativen und quantitativen Ist-Stand zu den beiden Analysezeitpunkten. Des Weiteren wurden Handlungs- und Unterstützungsbedarfe erfasst. Dieses Wissen bildete die Grundlage für den ersten operativen Schwerpunkt (Arbeitsforum „Schulische Berufsorientierung und Qualifizierung von Lehrkräften"), dem sich das *Regionale Übergangsmanagement* widmete.

Zur Umsetzung der o.g. Projektziele wurden vier Arbeitsforen gebildet: 1) Schulische Berufsorientierung (BO) und Qualifizierung der Lehrer; 2) Eltern und Berufsorientierung; 3) Passgenaue Maßnahmen und 4) Lernförderschüler. Für diese vier Foren wurden sehr engagierte Fachkräfte (u.a. aus der *ARGE,* der *Arbeitsagentur, der Sächsischen Bildungsagentur,* der *Landesservicestelle Schule-Wirtschaft,* der Universität Leipzig) gewonnen, die Umsetzungskonzepte für die Themen der Foren entwickeln. Erste Ergebnisse aus dem Forum „Schulische Berufsorientierung" sind ein Modellprojekt der *Landesservicestelle Schule-Wirtschaft Sachsen* zu Lehrerfortbildungen mit Unternehmenspraktika und die Integration von Inhalten und Methoden der Berufsorientierung in die Lehrerausbildung und in Fortbildungen für Referendare.

In der Arbeit der Foren konnten auch bestehende Netzwerke hin zur Landesebene genutzt werden. Nicht zuletzt über diese Anbindung an die Landesebene (Ressorts der Staatsregierung aber auch die *Regionaldirektion der Bundesagentur für Arbeit*) konnten in Leipzig Bundesprogramme bedarfsgerecht umgesetzt werden, z.B. Berufseinstiegsbegleiter/innen gezielt an Schulen eingesetzt werden, an denen es bis dahin vergleichbare Angebote nicht gab oder die einen erhöhten Bedarf signalisierten.

Dass weitere Bildungsprogramme von der Verwaltungsspitze in die Stadt geholt wurden (u.a. *Lernen vor Ort*), zeigt das Interesse der kommunal Verantwortlichen an diesen Bildungsthemen. In der alltäglichen Arbeit des Arbeitsstabs könnte an der einen oder anderen Stelle die konkrete Unterstützung durch die politische und die Verwaltungsspitze stärker ausfallen. Geplant ist, die Übergangsthematik intensiver in die kommunale Bildungsstrategie zu implementieren und damit nachhaltig zu gestalten, jedoch ist noch nicht absehbar, in welchem Umfang dafür Ressourcen der Stadt Leipzig eingesetzt werden können.

REGIONALES ÜBERGANGSMANAGEMENT SALZLANDKREIS

Mit 1.426km² ist der Salzlandkreis der zweitkleinste Land-kreis in Sachsen-Anhalt und mit einer Einwohnerzahl von 219.222 (31.12.2007) eine dünn besiedelte Region (154 E/km²). Der Salzlandkreis besteht aus 66 Gemein-den, die in vier Einheitsgemeinden und zehn Verwaltungs-gemeinschaften aufgeteilt sind. Es gibt dreizehn Städte, von denen nur fünf über 10.000 Einwohner haben. Größte Stadt im Landkreis ist Schönebeck.

Der Salzlandkreis ist am 1.07.2007 aus den drei Land-kreisen Aschersleben-Staßfurt, Schönebeck und Bern-burg entstanden. Bernburg wurde neuer Verwaltungs-sitz des neuen Landkreises. Der „Altkreis" Aschersleben-Staßfurt war erst im Rahmen der Kreisgebietsreform im Jahr 1994 aus den Landkreisen Aschersleben und Staß-furt gebildet worden. Auch im dritten Jahr nach der Kreisgebietsreform von 2007 ist die Zusammenlegung der Verwaltungen, die Verlegung von Verwaltungsstäben an andere Orte und die Frage, welche Ämter an wel-chem Ort im Landkreis angesiedelt werden, ein zentra-les Thema der ämter- und dezernatsübergreifenden Zusammenarbeit.

Im Salzlandkreis überschneiden sich drei Agenturbezir-ke der Bundesagentur für Arbeit: die Agentur Dessau für den „Altkreis" Bernburg, die Agentur Magdeburg für den „Altkreis" Schönebeck und die Agentur Sangerhausen für den „Altkreis" Aschersleben-Staßfurt. Die Aufgaben der Berufsberatung im Salzlandkreis verteilen sich ent-sprechend auf die drei Hauptgeschäftsstellen der Bun-desagentur. In den drei „Altkreisen" finden sich schließ-lich auch drei unterschiedliche Konstruktionen für die SGB II-Trägerschaft. In Aschersleben ist eine ARGE Träger der Grundsicherung. Bernburg ist Optionskom-mune mit einem *Amt für Arbeitsförderung* und Schöne-beck ist Optionskommune mit einem Eigenbetrieb (*Kommunale Beschäftigungsagentur KOBA*) als Träger der Grundsicherung.

Wie viele andere Landkreise in Ostdeutschland ist die Region von einem beträchtlichen Bevölkerungsrückgang durch Abwanderung und Geburtenrückgang betroffen. Dieser Trend wird in den Kommunen des Salzlandkrei-ses noch weiter anhalten und bis zum Jahr 2020 wird die Einwohnerzahl in einigen Städten noch einmal um bis zu 25 Prozent gegenüber 2007 zurückgehen.

Diese komplexen Rahmenbedingungen im Salzlandkreis weisen einmal auf einen hohen Bedarf an Koordination und Kooperation im regionalen Übergangsmanagement, geben aber auch bereits Hinweise auf die dabei zu be-wältigenden Anforderungen.

Der Antrag für das Vorhaben *Regionales Übergangs-management* wurde vom *Dezernat Jugend, Kultur und*

Soziales des Salzlandkreises gestellt. Dabei war ursprüng-lich beabsichtigt die Koordinatorin des Übergangsma-nagements als Stabsstelle direkt beim Landrat anzusie-deln. Nachdem sich dies nicht realisieren ließ, erfolgte eine Anbindung der Koordinatorin als Amtsleiterin im *Dezernat Jugend, Kultur und Soziales*. Daraus ergaben sich weit reichende (Entscheidungs- und Handlungs-) Kompetenzen innerhalb des Dezernats. Die zum Teil aus den noch nicht abgeschlossenen Integrationsprozes-sen der Kreisreform resultierenden Konkurrenzen zwi-schen den Dezernaten des Kreises bestanden allerdings fort.

Um den heterogenen Ausgangsbedingungen in den drei „Altkreisen" Rechnung zu tragen, wurde in jedem Altkreis jeweils eine Regionalkoordinatorin in einem Regional-büro eingesetzt. Übergeordnetes Ziel des vierköpfigen Teams war die „Schaffung einer tragfähigen einheitlichen Struktur und Vorgehensweise für das Management am Übergang Schule in Ausbildung für den gesamten Salz-landkreis."

Weitere Ziele waren:
a) die Anzahl der Schulabgängerinnen und -absolven-ten mit Abschluss zu erhöhen,
b) die Ausbildungsreife der Schulabsolventinnen und -absolventen zu verbessern,
c) die Anzahl der Jugendlichen mit Berufsabschluss zu erhöhen
d) und die Abwanderung Jugendlicher und qualifizier-ter junger Erwachsener aus dem Salzlandkreis zu stoppen.

Das Vorhaben zeichnete sich bereits bei der Antragstel-lung durch eine detailliert ausgearbeitete Problem- und Bedarfsanalyse aus, die mit konkreten Arbeitsschritten und -zielen versehen war. Tendenziell unterschätzt wur-den die aus der komplexen Kreisstruktur resultierenden Hindernisse.

Bei der Erstellung einer Ist-Standsanalyse zu Akteuren, Strukturen und Angeboten, wurde die Erhebung von In-formationen für eine Bestandsaufnahme mit Absprachen mit Akteuren in der Region und Information über das Vorhaben verknüpft. Für die Publizierung der Ist-Stands-analyse wurde eine Internetplattform genutzt, die bereits als Unternehmerplattform in einem der Altkreise bestand und damit Bekanntheit, Akzeptanz und eine erprobte Benutzeroberfläche miteinander vereinte. Die Bestands-aufnahme wurde so Ausgangspunkt für weitere Initiati-ven zur Kooperation im Landkreis. Gleichzeitig wurde sie zu einem Online-Informationsangebot über Bildungs- und Ausbildungsangebote für Jugendliche und Eltern im Landkreis fortentwickelt.

Als ein Gegenstand, das vor dem Hintergrund des für die Region erwarteten Fachkräftemangels hohe Priorität

hat und eine Kooperation aller wichtigen Akteure in Kreis erfordert, wurde das Thema Berufsorientierung identifiziert. In einem gemeinsamen Workshop des *Dezernats Jugend, Kultur und Soziales*, der für Berufsberatung verantwortlichen in den Arbeitsagenturen, der Geschäftsführer/innen der Träger der Grundsicherung, Schulleitungen und der Schulaufsicht wurden Initiativen zu einer besseren Kooperation bei diesem Thema verabredet.

Die Organisation des Übergangs der Strukturen und Netzwerke der „Altkreise" in eine integrierte neue Kreisstruktur bleibt weiterhin die große Herausforderung. Allein die Zusammenlegung der bestehenden Jugendhilfeausschüsse der „Altkreise" zu einem neuen gemeinsamen Gremium war von großen Hürden und Hindernissen begleitet. Auch die notwendige Neuorganisation der Trägerschaft der Grundsicherung für Personen im Rechtskreis des SGB II erwies sich als höchst komplex und konfliktträchtig.

Die aus der Kreisreform resultierende schwierige Ausgangslage für das regionale Übergangsmanagement ist noch nicht überwunden. Die Rahmenbedingungen erschweren einerseits den Aufbau von Strukturen und Prozessen des regionalen Übergangsmanagements. Andererseits stellt das regionale Übergangsmanagement einen wichtigen Baustein in den Prozessen dar, in denen über Fortschritte der Kooperation in einzelnen Politikfeldern die „Altkreise" zum Salzlandkreis zusammenwachsen.

REGIONALES ÜBERGANGSMANAGEMENT STUTTGART

In der Baden-Württembergischen Landeshauptstadt Stuttgart leben knapp 600.000 Menschen. Die *Bevölkerungsentwicklung* ist seit Mitte der 90er Jahre positiv verlaufen. Diese Entwicklung ist nicht zuletzt dem Zuzug von so genannten „Passausländern" zu verdanken, von denen es in Stuttgart über 130.000 (22 Prozent der Bevölkerung) gibt. Über 200.000 Stuttgarter sind im Ausland geboren. Der Anteil der Einwohner/innen mit Zuwanderungshintergrund (Ausländer, Eingebürgerte, Spätaussiedler und andere Personen, deren Eltern nicht in Deutschland geboren sind) beträgt knapp 40 Prozent. Sie kommen aus über 170 Nationen und sprechen über 200 Sprachen.

Der Raum Stuttgart zählt zu den wirtschaftlich attraktivsten Regionen Europas. Das durchschnittliche monatliche *Industrieeinkommen* liegt bei 4.659 Euro. Das entspricht 150 Prozent des Bundesdurchschnitts von 3.105 Euro. In Stuttgart werden pro Einwohner im Durchschnitt 885 Euro gemeindliche Steuern eingenommen. Dieser Wert liegt deutlich über dem BRD-Durchschnitt von 494 Euro.

Die Ausbildungssituation von Hauptschülerinnen und Hauptschülern unterscheidet sich in Stuttgart trotz überdurchschnittlich guter wirtschaftlicher Rahmenbedingungen nicht grundsätzlich vom Bundesdurchschnitt, wonach nur 20 bis 25 Prozent der jungen Menschen mit Hauptschulabschluss direkt in eine Ausbildung gelangen. Die größte Gruppe geht nach Besuch der Hauptschule weiter zur Schule, um (mindestens) einen Mittleren Bildungsabschluss zu erwerben. Eine dritte Gruppe durchläuft nach der Schule einzelne oder mehrere berufsvorbereitende Zwischenschritte, bevor der Einstieg in eine betriebliche Berufsausbildung oder in eine schulische Ausbildung, die zu vergleichbaren Abschlüssen führt, gelingt. Ein Teil der Jugendlichen zieht sich aus dem Ausbildungssystem zurück, wenn im Anschluss an solche Zwischenschritte der Einstieg in Ausbildung misslingt.

Die Zuständigkeiten für die soziale und berufliche Integration der so genannten „chancenarmen" jungen Menschen sind auch in Stuttgart stark ausdifferenziert. Zu den öffentlich-rechtlichen Institutionen, die – auf der Basis verschiedener Rechtsgrundlagen – für diese Zielgruppe Verantwortung übernehmen, zählen u.a.:

- die allgemeinbildenden Schulen unter der Aufsicht des *Staatlichen Schulamtes*,
- das *Kundenzentrum u25* der *Agentur für Arbeit*,
- das *JobCenter u25* als Arbeitsgemeinschaft der Landeshauptstadt und der *Agentur für Arbeit Stuttgart*,
- das *Jugendamt der Landeshauptstadt*,
- der *Integrationsbeauftragte der Landeshauptstadt*,

- die Arbeitsförderung im *Referat Wirtschaft, Finanzen und Beteiligungen (WFB) der Landeshauptstadt Stuttgart*,
- die Kammern.

Schon vor Beginn der Teilnahme an der *Förderinitiative Regionales Übergangsmanagement* – im September 2005 – wurde auf Initiative des Jugendamtes eine Kooperationsvereinbarung zwischen dem *JobCenter Stuttgart, der Agentur für Arbeit Stuttgart* und dem *Jugendamt der Landeshauptstadt Stuttgart* zur Etablierung des *Fördersystems u25* abgeschlossen, das eine „systemübergreifende Kooperation" zum Ziel hat: „Handlungsleitend für die Zusammenarbeit ist die Förderung der Jugendlichen und jungen Erwachsenen und nicht politisches und/oder institutionelles Interesse" (Präambel der Kooperationsvereinbarung). Später ist der Kreis erweitert worden um das Staatliche Schulamt bei der Landeshauptstadt Stuttgart, die Stabsabteilung für Integrationspolitik und die Arbeitsförderung im Referat für Wirtschaft, Finanzen und Beteiligungen der LHS Stuttgart. Schließlich wurden auch die zuständigen Handwerkskammern bzw. Industrie- und Handelskammern zur Mitarbeit gewonnen.

Wichtigstes Kooperationsgremium des *Fördersystems u25* auf der strategischen Ebene ist die *Steuerungsgruppe u25*: Geschäftsführungen der Agentur und des JobCenters, Jugendamtsleiter, Arbeitsförderer, Leiterin des Staatlichen Schulamtes und der Integrationsbeauftragte, zuständige Abteilungsleiter aus den Kammern. Damit sitzen alle am Übergang Schule – Beruf relevanten Akteure regelmäßig an einem Tisch.

Die Geschäftsführung für die *Steuerungsgruppe u25* liegt beim Jugendamt. Den Vorsitz hat der Leiter des Jugendamts. Der Arbeitsstab des *Stuttgarter Regionalen Übergangsmanagement* arbeitet der Steuerungsgruppe zu. Die *Steuerungsgruppe u25* trifft sich im Abstand von sechs bis acht Wochen. Ihre wichtigsten Ziele sind:

- die Sicherstellung der systemübergreifenden Kooperation,
- die Festlegung von systemübergreifenden Entwicklungsschwerpunkten,
- die gegenseitige Information zu aktuellen (insbesondere politischen, rechtlichen und organisatorischen) Entwicklungen und zu aktuellen Planungen und Vorhaben,
- die Beauftragung von themenbezogenen Arbeitsgruppen und Verabschiedung der Arbeitsergebnisse,
- die Vorbereitung der jährlichen Jugendkonferenz.

Ein wichtiger Schritt in Richtung Transparenz und effiziente Maßnahmeplanung war die systematische Erhebung von Daten zu den Übergangswegen der Jugendlichen nach Abschluss von Förder- und Hauptschulen über einen Zeitraum von drei Jahren dar. Dafür wurde beim Deutschen Jugendinstitut (DJI) für die Jahre 2007 bis 2009 eine Längsschnittuntersuchung in Auftrag gegeben. Die Untersuchung lieferte Informationen über die Muster, nach denen diese Übergänge verlaufen. Sie zeigte, welche Wege erfolgreich sind, welche Wege sich als Umwege oder Sackgassen erweisen, auf welchen Wegen (und für welche Jugendliche) ein erhöhtes Risiko des Ausstiegs aus dem Bildungssystem besteht und an welchen Stellen (und für welche Jugendliche) ein besonderer Unterstützungs- und Förderbedarf besteht.

Die Ergebnisse aus jeder Erhebungswelle wurden zeitnah in der *Steuerungsgruppe u25* vorgestellt und dort inhaltlich diskutiert, interpretiert und haben Handlungskonsequenzen für die Stuttgarter Übergangspolitik. Aus den Ergebnissen der Erhebungswellen wurden Handlungsvorschläge entwickelt und im Gemeinderat diskutiert, der die Verwaltung mit der Umsetzung beauftragte.

Ein wichtiger Schritt in Richtung Transparenz war die systematische Erhebung von Daten zu den Übergangswegen der Jugendlichen.

Ein wichtiges konkretes Arbeitsergebnis der *Steuerungsgruppe u25* war der Entschluss, die Vielfalt, aber auch Unübersichtlichkeit von Projekten und Maßnahmen im Bereich Übergang Schule – Beruf zu dokumentieren, was möglich war, weil die Verantwortlichen aus allen relevanten Fördersystemen in diesem Gremium vertreten sind und einschlägige Daten geliefert haben. Das Ergebnis dieser Bemühungen war der Reader „Von der Schule … in den Beruf. Maßnahmen und Projekte zur Verbesserung beruflicher Perspektiven chancenarmer junger Menschen in Stuttgart", der fortlaufend aktualisiert werden soll. Auf dieser Basis sind künftig Abstimmungen zur Vermeidung von Doppelungen möglich.

Das *Regionale Übergangsmanagement* hat seitdem – auf dieser Grundlage aufbauend und sie erweiternd – eine Datenbank mit Angeboten aufgebaut, die online verfügbar ist. Diese Datenbank wird auch weiterhin aktualisiert. Anfangs sollen Aktualisierungen von den Anbietern gemeldet und von einer Mitarbeiterin eingepflegt werden. Später sollen Aktualisierungen selbständig durch die Anbieter möglich sein.

Zur Verbesserung der Vorbereitung auf den Übergang hat der Arbeitsstab ein Berufswahl-Portfolio entwickelt, das an allen Hauptschulen eingeführt werden soll. Für die allgemeine Einführung und vor allem die Bekanntheit und Akzeptanz des Portfolios durch die Betriebe wurde die Unterstützung der Kammern gewonnen.

An mehreren Stuttgarter Hauptschulen als Pilotschulen wurden Prozesse der Schulentwicklung eingeleitet und von einer Mitarbeiterin des Arbeitsstabes begleitet und unterstützt. An jeder Schule wird in den Fokus der Schulentwicklung eines der folgenden Schwerpunktthemen gerückt: Kooperation Schule-Wirtschaft, individuelle Begleitung der Jugendlichen und Elternbeteiligung. Zu diesen Themen werden auch Fachtagungen und Konferenzen durchgeführt.

Für die Elternbeteiligung hat der Arbeitsstab eine Handreichung zur Zusammenarbeit mit Eltern im Rahmen der Berufsorientierung erarbeitet, die im Sommer 2010 als Printfassung veröffentlicht und über die Schulen eingeführt wurde. Ihr Einsatz wird durch Fortbildungsangebote unterstützt.

Bei den Akteuren des *Stuttgarter Übergangsmanagements* gibt es eine hohe Wertschätzung für die Leistungen des Arbeitsstabes. Die Notwendigkeit, die in der *Steuerungsgruppe u25* eingeleiteten Kooperationen fortzuführen und zu vertiefen, ist unstrittig.

Das gemeinsame Engagement von Oberbürgermeister, Schulen, Jugendhilfe und bürgerschaftlichen Initiativen für Jugendliche mit besonderen Berufsstartschwierigkeiten hat in Weinheim eine lange Tradition. Leitbild ist die lokale Verantwortungsgemeinschaft für die Bildung und Integration der Jugendlichen.

Im vierten Quartal 2010 ist das *Regionale Übergangsmanagement Stuttgart* mit einigen Änderungen in seinen Rahmenbedingungen konfrontiert: Der Gemeinderat hat beschlossen, dass die Landeshauptstadt im Zuge der SGB II-Neugestaltung den Status einer „Optionskommune" beantragen soll. Tritt dies ein, so könnten damit veränderte Prioritätensetzungen im Hinblick auf den Einsatz kommunaler Mittel in der Übergangspolitik einhergehen. Eine zweite Veränderung ist die Einrichtung eines Bildungsbüros, das organisatorisch dem Oberbürgermeister zugeordnet ist. Damit ändern sich die Rahmenbedingungen für die Fortentwicklung des Arbeitsschwerpunktes „Schulentwicklung". Insgesamt werden sich *Steuerungsgruppe u25* und der Arbeitsstab in diesem veränderten Rahmen neu positionieren, alte Schwerpunktsetzungen bekräftigen, neue formulieren und neue Kooperations- und Arbeitsformen etablieren.

STÄDTISCHES ÜBERGANGSMANAGEMENT SCHULE – BERUF IN WEINHEIM

Weinheim ist Große Kreisstadt im Rhein-Neckar-Kreis mit rund 43.000 Einwohnern. Der Rhein-Neckar-Kreis ist mit seinen 531.649 Einwohnern in seinen 54 Städten und Gemeinden der bevölkerungsreichste Landkreis von Baden-Württemberg und zählt zur Europäischen Metropolregion Rhein-Neckar im Schnittpunkt der drei Bundesländer Baden-Württemberg, Hessen und Rheinland-Pfalz.

Der vor dem Start des Vorhabens im Dezember 2007 vorgelegte 2. Berufsintegrationsbericht attestierte dem regionalen Übergangsmanagement in Weinheim ein bereits gut entwickeltes Förderinstrumentarium mit wenigen gravierenden Lücken, mahnt aber Qualitätsentwicklungen bei der Kooperation, der Koordinierung und bei der regionalen Steuerung an. Der Projektantrag benannte Probleme am Übergang Schule – Beruf, die teils auf der individuellen, teils auf der strukturellen Ebene anzusiedeln sind. Arbeitsfelder waren beispielsweise die Förderung von Jugendlichen mit Migrationshintergrund oder auch die *systematische* Berufsorientierung an den Haupt- bzw. Werkrealschulen. Auch die Kooperationsstrukturen und -aktivitäten der *kommunalen Verantwortungsgemeinschaft* waren noch entwicklungsfähig. In Weinheim gibt es eine Vielzahl sozialer Organisationen, von denen mehrere seit Jahren auch das Thema Übergang bearbeiten. Schon allein aus dieser Tatsache leitete sich ein erheblicher Steuerungs- und Koordinierungsbedarf ab.

Entsprechend wurden in Weinheim folgende operative und strategische Handlungsfelder definiert:
- Qualitätsentwicklungen bei der Förderung der Jugendlichen entlang ihres individuellen Berufsintegrationsprozesses
- Struktur- und Prozessentwicklungen im Übergangsmanagement

Das gemeinsame Engagement von Oberbürgermeister, Schulen, Jugendhilfe und bürgerschaftlichen Initiativen für Jugendliche mit besonderen Berufsstartschwierigkeiten hat in Weinheim eine lange Tradition. Leitbild ist die lokale Verantwortungsgemeinschaft für die Bildung und Integration der Jugendlichen. Die Stadt Weinheim ist Gründungsmitglied der *Weinheimer Initiative: Lokale Verantwortung für Bildung und Ausbildung*, eine interkommunale Arbeitsgemeinschaft, die die Weiterentwicklung von Handlungsstrategien für ein regionales Übergangsmanagement und Lobbyarbeit für eine Gestaltung förderlicher Rahmenbedingungen für kommunale Koordinierung betreibt. Ziel der *Weinheimer Initiative* ist die Verstetigung und Verbreitung von lokalen und regionalen Ansätzen wirkungsvoller Zusammenarbeit von Kommune, Bürgergesellschaft und Land, die auf eine verlässliche berufliche und soziale Integration junger

Menschen zielen. Auf die Erfahrungen aus der Arbeit in der *Weinheimer Initiative* aufbauend, nutzt man die *Förderinitiative* zur weiteren Ausgestaltung des regionalen Übergangsmanagement.

Seit einigen Jahren entwickeln die Weinheimer Akteure unter Federführung der Stadt die *lokale Gesamtstrategie Weinheimer Bildungskette*. Unter ihrem Dach und entlang ihrer Standards werden Förderangebote für Kinder und Jugendliche vom Übergang Familie-KiTa bis zum Übergang Schule-Ausbildung/Beruf entwickelt. Gesteuert wird die Bildungskette gemeinsam von der Leiterin des Bildungsamtes sowie den Leiterinnen der *Kommunalen Koordinierungsstelle Übergangsmanagement Schule-Beruf (ÜbMa)* und der *Koordinierungsstelle Integration Central für Sprache, Bildung und Interkulturelle Verständigung*. Die kommunale Koordinierung trägt wesentlich zur Entwicklung der Bildungskette bei. Die Arbeit am Übergang Schule-Beruf ist in ein Biografie begleitendes kommunales Gesamtkonzept fest eingebunden.

Die kommunale Koordinierungsstelle Weinheim wurde direkt in der Stadtverwaltung angesiedelt, allerdings nicht einem Fachamt zugeordnet, sondern dem Oberbürgermeister unterstellt. Verwaltungstechnisch-organisatorisch ist sie dem *Amt für Bildung und Sport* zugeordnet, mit deren Amtsleitung sie eng zusammenarbeitet. Sie wird jedoch als eigenständige Einrichtung und nicht als Teil des Bildungsamts wahrgenommen. Diese Konstruktion gibt der Koordinierungsstelle den Spielraum, auch zwischen den städtischen Ämtern (Jugendamt, Bildungsamt/Schulverwaltung, Wirtschaftsförderung etc.) moderierend und koordinierend zu wirken. Die Koordinierungsstelle ist personell mit Projektleitung und Projektassistenz besetzt und wird seit Februar 2009 durch Honorarkräfte unterstützt.

Der Oberbürgermeister befasst sich regelmäßig mit Fragen des regionalen Übergangsmanagements, er hat Richtlinienkompetenz, versieht das Anliegen mit politischem Gewicht und mobilisiert Akteure zur Mitarbeit. Er und seine Amtsleiter nutzen die Gestaltungsmöglichkeiten und Ressourcen der Stadtverwaltung für das Vorhaben und betreiben interne Organisations- und Personalentwicklung zur Weiterentwicklung der Weinheimer Bildungs- und Integrationsförderung; dabei werden sie unterstützt von der kommunalen Koordinierungsstelle und einer Prozessberatung. Darüber hinaus identifiziert und definiert die *Berufsintegrationskommission (BIK)*, unterstützt von der Koordinierungsstelle Übergangsmanagement Schule-Beruf, Handlungsbedarfe und Entwicklungsziele, sie berät den OB und die Stadt, ermöglicht die Abstimmung der Akteure und nimmt Entwicklungsimpulse der Kommissionsmitglieder auf. In der *BIK* geht es vor allem darum, das Commitment der Übergangsakteure auf die Gesamtstrategie Weinheimer Bildungs-

kette und ihre Umsetzung im Übergangsmanagement Schule-Beruf zu stärken und in der Verantwortungsgemeinschaft Transparenz zu schaffen.

Die gut etablierten, jeweils von Vereinen getragenen Fach- und Koordinierungsstellen *Job Central* und *Integration Central* übernehmen in ihren Themenfeldern Aufgaben der Projektumsetzung, der operativen Steuerung und der Koordinierung bei der Umsetzung von Teilaufgaben, die von der *Berufsintegrationskommission* und der kommunalen Koordinierungsstelle definiert werden. Die Koordinierungsstelle selbst konzentriert sich vor allem auf die Struktur- und Prozessentwicklungen im Übergangsmanagement.

In den Jahren 2005 und 2007 wurden regionale Berufsintegrationsberichte erstellt. In der Region Weinheim sind die Übergangsquoten der Hauptschulabsolventinnen und -absolventen in „reguläre" Ausbildungsverhältnisse sehr niedrig. Auch bei geringer Jugendarbeitslosigkeit gelingt weniger als einem Drittel der Hauptschulabsolventinnen und -absolventen der direkte Übergang in eine Ausbildung, Jugendlichen mit Migrationshintergrund noch seltener.

Seit Jahren werden zudem jeweils im Juni die Anschlusspläne und die Übergangsquoten aller Schulabgänger/innen (außer Gymnasien) der Region Badische Bergstraße erhoben. Die Befunde zeigen – v.a. im Mehrjahresvergleich – Veränderungen bei den Übergangswegen an und geben Hinweise auf Handlungsbedarfe. 2009 wurde ein *Rahmenkonzept für ein Übergangsmonitoring* entwickelt und seitdem schrittweise umgesetzt. Aktuell wird das Dokumentations- und Evaluierungsverfahren der lokalen Jugendberufhilfeträger verbessert, um auch daraus Monitoring-Daten zu gewinnen.

In einem regelmäßig aktualisierten Info-Flyer für Jugendliche und Eltern werden Beratungs-, Förder- und Unterstützungsangebote bekannt gemacht. Ein digitaler Netzwerk-Newsletter informiert über Veranstaltungen, Projekte, Initiativen und Akteure, Ergebnisse und Erfahrungsberichte sowie hilfreiche Arbeitsmaterialien, Links und vertiefende Fachliteratur.

Seit 2008 wurde bei *Job Central* eine Datenbank zu Ausbildungs-/Praktikumsbetrieben und zum Ausbildungsplatzangebot aufgebaut. Gegenwärtig sind darin über 1000 regionale Ausbildungs- und Praktikumsbetriebe mit Kontaktdaten, Ansprechpartner/in, Ausbildungsberufen, Anforderungen, Hinweise auf freie Stellen gespeichert.

Das *Regionale Übergangsmanagement Weinheim* konzentriert sich bei seinen Aktivitäten zur Verbesserung der Strukturen des Übergangssystems auf vier Schwerpunkte:

An vier Schulen arbeiten Schulteams aus Ehrenamtlichen Hand in Hand mit Lehrkräften und Jugendhilfe-Profis. Sie führen Projekte, Workshops und Beratungen durch und wirken gegenüber Betrieben als „Türöffner".

a) schulische Berufsorientierung,
b) Elternbeteiligung
c) Kooperation von Schule und Wirtschaft
d) Kooperation von Ehrenamt mit Schulen und Jugendberufshilfe.

Der Verbesserung der schulischen Berufsorientierung dient u.a. die gemeinsam mit der Schule, dem Jugendberufshilfeträger Stadtjugendring Weinheim e.V., den Paten und der türkischen Elternbegleiterin erarbeitete curriculare Erweiterung der Berufswegeplanung inklusive Langzeitpraktikum ab Klasse 7 an der Weinheimer Dietrich-Bonhoeffer-Werkrealschule. Man konzentriert sich hier ferner in Kooperation mit den Paten des *Weinheimer Unterstützerkreis Berufsstart* auf die Übergangsbegleitung von benachteiligten Jugendlichen. Aktuell wird außerdem ein Qualitätsrahmen „Praktikum für Werkrealschulen" erarbeitet.

Die Entwicklung und Erprobung von Konzepten zur Verbesserung der Elternbeteiligung (mit Schwerpunkt auf Migranteneltern) erfolgt in enger Kooperation mit der Koordinierungsstelle *Integration Central* auf der Basis eines Mercatorprojekts (*Matching Funds*) und des Projekts *TEMA – türkische Eltern als Motor für Ausbildung*. In *TEMA* arbeiten türkische Elternbegleiterinnen als Kommunikationsbrücke und „Kulturvermittlerinnen" mit Schulen, Familien/Eltern und der Jugendberufhilfe zusammen. Zum Thema interkulturelle Elternbeteiligung liegt ferner ein u.a. von der Koordinierungsstelle, der Stadt Weinheim und *Integration Central* in Auftrag gegebenes Gutachten der Universität Hamburg, Fakultät für Erziehungswissenschaft, Psychologie und Bewegungswissenschaft vor.

Die Verbesserung der Kooperation zwischen den Schulen und der Wirtschaft ist durch die Vereinbarung der Landesregierung mit den Kammern und Arbeitgeberverbänden über den Ausbau von Bildungspartnerschaften zwischen den allgemeinbildenden Schulen (insbesondere den neuen Werkrealschulen) und Unternehmen auf eine formale Grundlage gestellt worden und bleibt damit nicht mehr allein dem zufällig vorhandenen Engagement einzelner Schulleiter und Lehrkräfte überlassen. Ziel der Vereinbarung ist der Aufbau mindestens einer

Bildungspartnerschaft für jede allgemeinbildende weiterführende Schule. Als Standards gelten eine langfristige Zusammenarbeit, eine schriftliche Grundlage und feste verantwortliche Ansprechpartner in den Schulen. Inhalte der Bildungspartnerschaften können sein z.B. Praktika, Betriebsbesichtigungen, Berufskunde, Bewerbungstraining, Elternarbeit, Projekte mit Azubis, Schulerfirmen, Lehrerfortbildung. Die Weinheimer Haupt- und Werkrealschulen haben inzwischen beide mehrere Unternehmenspartner.

Die Arbeit der ehrenamtlichen *Berufsstart-Paten an Schulen* und ihre Kooperation mit der professionellen Jugendberufshilfe wurde systematisiert, intensiviert und stabilisiert. An vier Schulen arbeiten Schulteams aus Ehrenamtlichen vom *Weinheimer Unterstützerkreis Berufsstart* Hand in Hand mit Lehrkräften und Jugendhilfe-Profis. Sie führen Projekte, Workshops und Beratungen durch und wirken bei Betrieben als „Türöffner".

Die zahlreichen aus verschiedenen Quellen finanzierten Projekte am Standort werden genutzt, um auf der operativen Ebene die *Weinheimer Bildungskette* auf- und auszubauen und um neue Elemente (systematische Berufsorientierung und individuelle Berufswegeplanung, Elternarbeit etc.) zu ergänzen.

Was das strategische Handlungsfeld Struktur- und Prozessentwicklung anbelangt, so ist deutlich erkennbar, dass es in Weinheim erfolgreich gelingt, die Idee der „Verantwortungsgemeinschaft" in der Kommunalpolitik und Stadtverwaltung zu verankern und die Verantwortung und Steuerungsrolle der Kommunalpolitik und Stadtverwaltung im Übergangsmanagement zu entwickeln. Die Strategie der zunehmenden Verbindlichkeit beinhaltet auch eine Verständigung über Ziele und Standards sowie eine Wirksamkeitsüberprüfung und eine darauf basierende qualitative Weiterentwicklung.

Im Rahmen der Entwicklung einer kommunalen Gesamtstrategie, im dem das Übergangsmanagement Schule-Beruf eine unverzichtbare Größe darstellt, erweisen sich die frühzeitigen politischen Gespräche zur Sondierung von Möglichkeiten zur nachhaltigen Verankerung der kommunalen Koordinierungsstelle in den städtischen Steuerungsstrukturen für die *Weinheimer Bildungskette* als besonders förderlich. Ein wichtiger Schritt in Richtung Nachhaltigkeit ist die Beteiligung am *Impulsprogramm Bildungsregionen*. Vor dem Hintergrund der geplanten Beteiligung der Stadt Weinheim in diesem Landesprogramm wurde bereits diskutiert, ob dafür ein kommunales Bildungsbüro aufgebaut werden kann, in das die Arbeit des kommunalen Übergangsmanagement Schule-Beruf ab 2012 integriert werden könnte. Ob sich diese Strategie realisieren lässt, wird die weitere Entwicklung zeigen.

REGIONALES KOORDINATIONSSYSTEM U25 IM KREIS GÜTERSLOH

Der Kreis Gütersloh umfasst 13 Städte und Gemeinden in der Region Ostwestfalen-Lippe, in denen rund 360.000 Menschen leben. Es ist der bevölkerungsreichste Kreis in einer wirtschaftlich starken Region mit einer unterdurchschnittlichen Arbeitslosenquote.

Mit 13 Prozent mehr Ausbildungsstellen im Jahr 2010 im Vergleich zum Vorjahr konnte die Schere zwischen angebotenen Ausbildungsstellen und Bewerbern wieder mehr geschlossen werden. Dennoch fehlen weiterhin Ausbildungsplätze im dualen System. 63 % der gemeldeten Bewerber verfügen über einen Realschul- oder höheren Abschluss. Daher konkurrieren Hauptschulabsolventen mit Absolventen höherer Schulen um Ausbildungsstellen. Hauptschulabsolventen sind aufgrund der bekannten Rekrutierungs- und Selektionspraktiken der Betriebe deutlich im Nachteil. Insofern gewinnen die Bildungsgänge der Berufskollegs zum Erreichen höherer Schulabschlüsse an Bedeutung. Positiv entwickelt sich der Beschäftigungsstand der Jugendlichen unter 25 Jahren: 2010 ist der stärkste Rückgang der Arbeitslosigkeit um 14 Prozent in dieser Gruppe zu verzeichnen.

Der Anteil der Jugendlichen mit Migrationshintergrund im Kreis Gütersloh beträgt etwa 20 Prozent, wobei der Anteil der Aussiedlerjugendlichen deutlich über dem Landesdurchschnitt liegt.

Der Kreis Gütersloh hat in den vergangenen zehn Jahren regionales Übergangsmanagement als Aufgabe erkannt und strategisch ausgerichtet. Auf der Basis der Kooperationsvereinbarungen zwischen Land und Kreis Gütersloh sowie zwischen Kreis und Kommunen gestalten die Partner als Verantwortungsgemeinschaft den Aufbau einer Bildungslandschaft.

Ein Meilenstein für die Entwicklung hin zu einem systematischen und vernetzten Übergangssystem wurde 2005 mit dem Beginn des Projekts „Erfolgreich in Ausbildung" gelegt. Durch die intensive Unterstützung der 21 Übergangscoaches an allen Haupt- und Gesamtschulen im Kreis Gütersloh ist es gelungen, die Vermittlungsquote in die betriebliche Ausbildung von 27,5 % vor Projektbeginn auf rd. 45 % in die duale Ausbildung bzw. vollzeitschulische Ausbildung zu steigern.

Im August 2008 nahm das Bildungsbüro des Kreises seine Arbeit in drei Handlungsfeldern auf: 1) Schul- und Unterrichtsentwicklung 2) Übergang Schule – Beruf 3) Gewaltprävention, Schule/Jugend. Das Handlungsfeld Übergang Schule – Beruf, bislang in der Bildungs- und Schulberatung der Abteilung Schule, Bildungsberatung und Sport beheimatet, bildet nun das Dach für Vorhaben und Projekte zur Berufsorientierung, Förderung der

Ausbildung, Netzwerkmanagement und Bildungsmonitoring im Bildungsbüro. Für die Bearbeitung des Handlungsfeldes wurde die Stelle der Referentin dauerhaft eingerichtet. Nach innen und nach außen ist nun der Stellenwert des Themas sichtbar und deutlich gemacht und die Basis für eine langfristige Bearbeitung des Handlungsfeldes geschaffen.

Das Vorhaben *Regionales Koordinationssystem U25* ist als Projekt im Bildungsbüro verortet und dort in das Handlungsfeld Übergang Schule – Beruf integriert. Antragsteller ist der *Kreis Gütersloh, Fachbereich 3 Bildung, Jugend und Soziales, Abteilung 3.1 Schule, Bildungsberatung und Sport*. In der Trägerschaft des Kreises befinden sich auch fünf Berufskollegs sowie ein Gymnasium und eine Gesamtschule.

Zum Projektteam *Regionales Koordinationssystem U25* gehören 4 Mitarbeiterinnen: die Projektleiterin finanziert mit kommunalen Mitteln und 2 Projektstellen, die sich 3 Mitarbeiterinnen teilen.

Laut Vorhabensbeschreibung hat das *Regionale Koordinationssystem U25* folgende Arbeitsfelder:
* Kooperation und Netzwerkbildung
* Etablierung der Jugendkonferenz als zentrales Kooperationsorgan
* eine bessere Verzahnung von Haupt- und Gesamtschulen mit den Berufskollegs
* die Bildung einer Arbeitsgruppe zwischen *Arbeitsgemeinschaft GT aktiv GmbH* (Träger der Grundsicherung) und *Agentur für Arbeit Bielefeld* sowie Bildungsakteuren
* der Aufbau eines regionalen Bildungsmonitorings

Die Steuerung des Aufbaus und der Entwicklung einer Regionalen Bildungslandschaft im Kreis Gütersloh erfolgt auf der strategischen Ebene durch einen Lenkungskreis, dem für den Kreis Gütersloh der Landrat bzw. der Kreisdirektor, der Abteilungsleiter – Schule, Bildungsberatung und Sport – und für die Städte und Gemeinden drei Vertreter der Bürgermeister, für die Bezirksregierung der Leiter der Schulabteilung, je ein Vertreter der oberen und der unteren Schulaufsicht angehören.

Das Projekt *Regionales Koordinationssystem U25* ist eingebettet in vielfältige Aktivitäten des Bildungsbüros des Kreises, in die zahlreiche Kooperationspartner eingebunden sind. *Agentur für Arbeit, GT aktiv* und Übergangsmanagement des Bildungsbüros des Kreises schlossen eine Kooperationsvereinbarung als formelle Grundlage der Zusammenarbeit. Das zentrale regionale Austauschgremium zu jugendpolitischen Themen im Kreis Gütersloh bildet die *Jugendkonferenz*.

An der *Jugendkonferenz* sind die Geschäftsführungen von Arbeitsvermittlung, Berufsberatung, Sozialleistungsträgern, Kammern, Kommunalpolitik, Maßnahmeträgern, Stiftungen und Kreisverwaltung sowie Vertreter der Schulen im Arbeitsbereich des Übergangsmanagements beteiligt. Ziel ist es, neben dem Informationsaustausch eine bedarfsgerechte, strategische Ausrichtung des Übergangsmanagements Institutionen übergreifend abzustimmen. An der Vorbereitung der zweimal jährlich stattfindenden Jugendkonferenz sind der Kreis, die *Agentur für Arbeit* und *GT aktiv* beteiligt.

Im Kreis Gütersloh werden systematisch Daten für ein Bildungsmonitoring Übergang Schule – Beruf erhoben. Das Bildungsmonitoring dient der Abstimmung und Umsetzung einer kreisweit notwendigen Datenbasis als Planungsgrundlage eines einheitlichen Konzeptes zur Versorgung noch nicht ausbildungsfähiger und berufsschulpflichtiger Jugendlicher.

Viele Übergangsdaten sind zwar vorhanden, werden jedoch von unterschiedlichen Akteuren erhoben und sind somit nicht aufeinander abgestimmt oder zum Teil unbekannt. Gütersloh kombiniert mehrere Wege, die entsprechenden Daten zu beschaffen.

Dazu gehört a) der systematische Einsatz des Schüler-Online Verfahrens zur Anmeldung an den Berufskollegs sowie zur besseren Versorgung der zum Schuljahresende noch unversorgten Schülerinnen und Schüler. Desweiteren werden b) Schüler/innen an den Berufskollegs in einer Längsschnittstudie über 4 bis 5 Wellen zu ihren Übergängen befragt. Die Jugendlichen befinden sich im Berufsvorbereitungsjahr, im Berufsgrundschuljahr sowie in berufsvorbereitenden Maßnahmen der Agentur für Arbeit. Die *Sozialforschungsstelle Dortmund (sfs)* wurde mit der Studie beauftragt.

Die Studie liefert Aufschlüsse für die Steuerung des Übergangsmanagements aus einer zielgruppenorientierten

Perspektive. Die Berufskollegs knüpfen an die Studie große Erwartungen im Hinblick auf ihre Schulentwicklungsplanung. Derzeit sind die Berufskollegs bezüglich der Einbettung von Praktika unterschiedlich aufgestellt und erzielen recht unterschiedliche Übergangsquoten in das duale Ausbildungssystem. Auf der *Jugendkonferenz* im November 2010 wurden die Ergebnisse erstmals öffentlich vorgestellt.

Außergewöhnlich ist die Zusammenarbeit mit dem Vorhaben des Kreises Herford. Die Kreise Gütersloh und Herford grenzen aneinander. Eine enge Abstimmung bei der Interpretation der Ergebnisse der Schülerbefragungen führte zu einem Handlungsprogramm „Phasenmodell" zur Übergangsbegleitung, das auf beide Kreise zutrifft.

Außerdem arbeitet man im Kreis Gütersloh an der ersten Berichterstattung *Übergang Schule – Beruf.* Die Bildungsberichterstattung mit dem Schwerpunkt Übergangssystem ergänzt die Schülerbefragung (subjektive Perspektive) um objektive Daten zum Übergangssystem und liefert eine Datenbasis zu vorhandenen Strukturen im Kreis Gütersloh und zu ausgewählten Schwerpunkthemen.

Seit August 2009 gibt das Bildungsbüro einen Newsletter zum Thema Übergang Schule – Beruf in einer vierteljährlichen Auflage heraus. Im Juni 2010 ist der vierte Newsletter erschienen, der erneut auf aktuelle Entwicklungen und Projekte im Übergangsmanagement aufmerksam macht. Die Möglichkeit der Nutzung des

kreisweiten Newsletters zur Darstellung verschiedener Projekte und zu Terminankündigungen stößt bei den handelnden Akteuren im Übergang Schule – Beruf auf große Resonanz.

Die modellhafte Erprobung eines *Kooperativen Berufswahlunterrichts* konnte im Kreis Gütersloh durch die Beteiligung am *Landesprogramm STARTKLAR!*, das einen ähnlichen Ansatz (passgenauer Übergang in die duale Ausbildung durch Einbeziehung externer Kooperationspartner) verfolgt, auf eine breitere Grundlage gestellt werden. Beteiligt sind derzeit im Nordkreis fünf Schulen (drei Hauptschulen und zwei Förderschulen), ein Berufskolleg sowie das Ravensberger Jugendbildungshaus sowie eine Hauptschule und als Träger die *ash e.V* in der Stadt Gütersloh. Die Gütersloher Variante unterscheidet sich von *STARTKLAR!* darin, dass sie auch das Berufskolleg einbezieht und den gemeinsamen Unterricht von Haupt- und Förderschüler/innen in einigen Berufsfeldern vorsieht.

Mit Blick auf die Unterstützungsbedarfe der Realschüler/innen wurde im Mai 2009 ein kreisweiter Kooperationsvertrag zwischen Realschulen und den Berufskollegs unterzeichnet. Die Schulen befinden sich in der Vorbereitungsphase, um ihre Bedarfe auszuloten und die abgestimmte Berufsorientierung mit den Berufskollegs zu konkretisieren.

In Kooperation mit der *Agentur für Arbeit*, der *GT aktiv*, den Integrationsbeauftragten des Kreises und der Stadt Gütersloh sowie *MOZAIK (gemeinnützige Gesellschaft für Interkulturelle Bildungs- und Beratungsangebote mbH)* fanden in Gütersloh, Halle, Verl, Rheda-Wiedenbrück, Harsewinkel insgesamt acht Informationsabende für Eltern mit Migrationshintergrund direkt in den Räumen der Migrantenorganisationen, Religionsgemeinschaften oder in einem Familienzentrum statt. Die Veranstaltungsreihe begann im Oktober 2009 und endete vorläufig im Juni 2010. Über die zusätzliche Kooperation mit Integrationsfachdiensten, Migrantenorganisationen ist ein kreisweites Netzwerk entstanden, welches die Entwicklung von Angeboten für Eltern mit Migrationshintergrund bearbeitet.

Regionales Übergangsmanagement hat einen festen Platz im Bildungsbüro eingenommen. Mit der dauerhaft eingerichteten Referentenstelle sind Personalressourcen vorhanden, die Aufgaben auch über die Projektlaufzeit hinaus zu bearbeiten. Nicht zuletzt hat man im Handlungsfeld Schul- und Unterrichtsentwicklung direkten Zugriff auf die Schulen, um den kooperativen Berufswahlunterricht aus der Pilotierung grundsätzlich in den allgemeinbildenden und berufsbildende Schulen zu etablieren. Darüber hinaus haben die Akteure der Veranstaltungsreihe für zugewanderte Eltern ein Netzwerk gebildet, was neue Impulse für die Integration von Migranten in der Region setzen wird.

7 Literatur

Autorengruppe Bildungsberichterstattung (Hrsg.) (2008): Bildung in Deutschland 2008.
Bielefeld: Bertelsmann Verlag

Autorengruppe Bildungsberichterstattung (Hrsg.) (2010): Bildung in Deutschland 2010.
Bielefeld: Bertelsmann Verlag

Braun, Frank (1996): Lokale Politik gegen Jugendarbeitslosigkeit.
München: Verlag Deutsches Jugendinstitut

Braun, Frank/Müller, Matthias (2009): Strukturelle Veränderungen des Ausbildungssystems zur Verbesserung der Ausbildungschancen bildungsbenachteiligter Jugendlicher. In: Kruse, Wilfried / Strauß, Jürgen / Braun, Frank / Müller, Matthias: Rahmenbedingungen der Weiterentwicklung des Dualen Systems beruflicher Bildung. Düsseldorf: Hans Böckler Stiftung, Arbeitspapier 167, S. 37–50

Bundesministerium für Bildung und Forschung (Hrsg.) (2007): Berufsbildungsbericht 2007. Berlin: BMBF

Dankwart, Martina / Gollers, Bianca (2010): SchülerOnline. In: Kuhnke, Ralf / Reißig, Birgit (Hrsg.): Regionales Übergangsmanagement Schule – Berufsausbildung. Schaffung einer Datenbasis zum Übergangsgeschehen. Regionales Übergangsmanagement 1, München/Halle: Deutsches Jugendinstitut, S. 32–37

Gaupp, Nora / Lex, Tilly / Reißig, Birgit / Braun, Frank (2008): Von der Hauptschule in Ausbildung und Erwerbsarbeit. Berlin/Bonn: Bundesministerium für Bildung und Forschung

Gaupp, Nora / Lex, Tilly / Reißig, Birgit (2010): Hauptschüler/innen an der Schwelle zur Berufsausbildung: Schulische Situation und schulische Förderung.
Regionales Übergangsmanagement 2, München / Halle: Deutsches Jugendinstitut

Gaupp, Nora / Lex, Tilly / Reißig, Birgit (2011): Hauptschüler/innen auf dem Weg von der Schule in Ausbildung: Zur Situation von Jugendlichen mit Migrationshintergrund. In: Reißig, Birgit / Schreiber, Elke (Hrsg.): Jugendliche mit Migrationshintergrund im Übergang Schule – Berufsausbildung: Arbeitshilfen für das regionale Übergangsmanagement.
Regionales Übergangsmanagement 4, München / Halle: Deutsches Jugendinstitut

Gaupp, Nora/Prein, Gerald (2007): Stuttgarter Haupt- und Förderschüler/innen auf dem Weg von der Schule in die Berufsausbildung. Bericht zur Basiserhebung der Stuttgarter Schulabsolventenstudie.
München: Deutsches Jugendinstitut

Gaupp, Nora u.a. (2010): Lokale Schulabsolventen-Längsschnitte als Datenbasis für lokales Übergangsmanagement. In: Kuhnke, Ralf / Reißig, Birgit (Hrsg.): Regionales Übergangsmanagement Schule – Berufsausbildung. Schaffung einer Datenbasis zum Übergangsgeschehen.
Regionales Übergangsmanagement 1, München / Halle: Deutsches Jugendinstitut; S. 24–29

Hoecker, Markus (2010): Aus- und Aufbau regionaler Bildungslandschaften in Baden-Württemberg durch das „Impulsprogramm Bildungsregionen". In: Wernstedt, Rolf / John-Ohnesorg, Marei (Hrsg.): Beginnt die Bildungsrepublik vor Ort? Die Stärken lokaler Bildungsnetzwerke. Berlin: Friedrich Ebert Stiftung, S. 47–52

Hofmann-Lun, Irene / Geier, Boris (2008): Förderangebote im letzten Pflichtschuljahr und ihr Beitrag zum Gelingen von Übergängen. Eine Untersuchung in Stuttgart und Leipzig. München: Deutsches Jugendinstitut

Konsortium Bildungsberichterstattung (Hrsg.) (2006): Bildung in Deutschland 2006. Ein indikatorengestützter Bericht mit einer Analyse zu Bildung und Migration. Bielefeld: Bertelsmann Verlag

Kruse, Wilfried u.a. (2010): Jugend: Von der Schule in die Arbeitswelt. Stuttgart: Kohlhammer

Kuhnke, Ralf / Reißig, Birgit (Hrsg.) (2010): Regionales Übergangsmanagement Schule – Berufsausbildung. Schaffung einer Datenbasis zum Übergangsgeschehen. Regionales Übergangsmanagement 1, München / Halle: Deutsches Jugendinstitut

Lippegaus-Grünau, Petra / Mahl, Franziska / Stolz, Iris (2010): Berufsorientierung. Programme und Projekte von Bund und Ländern, Kommunen und Stiftungen im Überblick. München / Halle: Deutsches Jugendinstitut

Lotzkat, Petra / Müller, Stefan (2011): Integration von Jugendlichen mit Migrationshintergrund in Ausbildungen der hamburgischen Verwaltung. In: Reißig, Birgit / Schreiber, Elke (Hrsg.): Jugendliche mit Migrationshintergrund im Übergang Schule – Berufsausbildung: Arbeitshilfen für das regionale Übergangsmanagement. Regionales Übergangsmanagement 4, München / Halle: Deutsches Jugendinstitut

Reißig, Birgit / Gaupp, Nora / Lex; Tilly (2008): Hauptschüler auf dem Weg von der Schule in die Arbeitswelt. Reihe „Übergänge in Arbeit", Band 9, München: Verlag Deutsches Jugendinstitut

Reißig, Birgit / Schreiber, Elke (2011): Einführung – Zur Bedeutung des Cultural Mainstreaming für lokale Kooperation im Übergangsmanagement. In: Reißig, Birgit / Schreiber, Elke (Hrsg.): Jugendliche mit Migrationshintergrund im Übergang Schule – Berufsausbildung: Arbeitshilfen für das regionale Übergangsmanagement. Regionales Übergangsmanagement 4, München / Halle: Deutsches Jugendinstitut

Stender, Jörg (2010): Kommunale Bildungsberichte – Das „Duisburger Modell". In: Kuhnke, Ralf; Reißig, Birgit (Hrsg.): Regionales Übergangsmanagement Schule – Berufsausbildung. Schaffung einer Datenbasis zum Übergangsgeschehen. Regionales Übergangsmanagement 1, München / Halle: Deutsches Jugendinstitut; S. 10–15

Süss, Ulrike / Felger, Susanne / Huber, Khadija (2011): Eltern mit Migrationserfahrung als Lern- und Berufsbegleiter/innen ihrer Kinder am Übergang Schule-Beruf – das Strategiemodell *Weinheimer Bildungskette*. In: Reißig, Birgit / Schreiber, Elke (Hrsg.): Jugendliche mit Migrationshintergrund im Übergang Schule – Berufsausbildung: Arbeitshilfen für das regionale Übergangsmanagement. Regionales Übergangsmanagement 4, München / Halle: Deutsches Jugendinstitut

Wasmuth, Julia Lena (2010): Das Berliner Netzwerk für Ausbildung. In: Kuhnke, Ralf; Reißig, Birgit: Regionales Übergangsmanagement Schule – Berufsausbildung. Schaffung einer Datenbasis zum Übergangsgeschehen. Regionales Übergangsmanagement 1, München / Halle: Deutsches Jugendinstitut, S. 43–45

Wernstedt, Rolf/John-Ohnesorg, Marei (Hrsg.) (2010): Beginnt die Bildungsrepublik vor Ort? Die Stärken lokaler Bildungsnetzwerke. Berlin: Friedrich Ebert Stiftung

Die folgenden Broschüren der Reihe „Regionales Übergangsmanagement"können kostenlos beim Deutschen Jugendinstitut angefordert werden: Maerz@dji.de

Ralf Kuhnke, Birgit Reißig, (Hrsg.):

Regionales Übergangsmanagement Schule - Berufsausbildung. Schaffung einer Datenbasis zum Übergangsgeschehen.

Regionales Übergangsmanagement 1
München/Halle:
Deutsches Jugendinstitut 2010, 50 S.

Nora Gaupp, Tilly Lex, Birgit Reißig

Hauptschüler/innen an der Schwelle zur Berufsausbildung: Schulische Situation und schulische Förderung.

Regionales Übergangsmanagement 2
München/Halle:
Deutsches Jugendinstitut 2010, 34 S.

Frank Braun, Birgit Reißig (Hrsg.):

Regionales Übergangsmanagement Schule - Berufsausbildung. Handlungsfelder und Erfolgsfaktoren.

Regionales Übergangsmanagement 3
München/Halle:
Deutsches Jugendinstitut 2011, 81 S.

ISBN: 978-3-86379-010-3

Birgit Reißig, Elke Schreiber (Hrsg.):

Jugendliche mit Migrationshintergrund im Übergang Schule - Berufsausbildung: Arbeitshilfen für das regionale Übergangsmanagement.

Regionales Übergangsmanagement 4
München/Halle:
Deutsches Jugendinstitut 2011, 64 S.

ISBN: 978-3-86379-011-0